T0043700

amores
perrunos

Sara Cortés

amores perrunos

Edúcalos con el corazón

PANORAMA

divulgación

Respete el derecho de autor.
No fotocopie esta obra.

CeMPro

Centro Mexicano de Protección y Fomento
a los Derechos de Autor
Sociedad de Gestión Colectiva

Amores perrunos
Edúcalos con el corazón
Sara Cortés Paredes

Primera edición: Producciones Sin Sentido Común, 2015

D. R. © 2015, Producciones Sin Sentido Común, S. A. de C. V.
Avenida Revolución 1181, piso 7, colonia Merced Gómez,
03930, México, D. F.

Teléfono: 55 54 70 30
e-mail: ventas@panoramaed.com.mx
www.panoramaed.com.mx

Texto © Sara Cortés Paredes
Ilustraciones © Alejandro Noriega Legorreta
Fotografía portada ©Luis Ekiro

ISBN: 978-607-8237-62-3

Impreso en México

Prohibida su reproducción por cualquier medio
mecánico o electrónico sin la autorización escrita
del editor o titular de los derechos.

Índice

Presentación

Pertenezco a la segunda generación de médicos veterinarios de mi familia, lo cual me ha permitido tener contacto con animales desde muy pequeña, en especial con perros; además, he tenido la bendición de dar la bienvenida a este mundo a muchísimos cachorritos de diversas razas. He sido testigo de relaciones perro-humano tan excepcionales en las que muchos propietarios hoy están con vida gracias a sus mascotas. Sin embargo, también he atestiguado el sufrimiento y maltrato animal: muchas de las familias que con grandes ilusiones adquieren cachorros (4 de cada 10), al cabo de unos meses, terminan abandonándolos porque no saben cómo conducirlos y terminan cansados de limpiar *pipís* por toda la casa, desfalcados económicamente por algún destrozo, o señalados y agredidos por vecinos que no soportan los ladridos de sus mascotas.

También he conocido a propietarios con manos, piernas y rostros llenos de cicatrices por lesiones causadas por sus mascotas, y a otros que viven cubriendo cuentas en hospitales veterinarios por agresiones a otros perros o por la ingesta constante de objetos extraños con el peligro de muerte de sus mascotas.

Éstas, entre otras muchas situaciones, van merman-do la armonía y generando conflictos frecuentes en casa. Con el paso de los días la tensión familiar se incrementa y en algún momento alguien decide poner fin al conflicto, y, en el mejor de los casos, buscan la asesoría de médicos veterinarios o entrenadores. Sin embargo, por desgracia, muchos propietarios deciden dar en adopción al *problema* de la casa y otros tantos optan por abandonar al que hasta hace unos meses era el consentido de la familia.

Esta situación conlleva a que hoy en la ciudad de México existan más de un millón 200 mil perros en las ca-lles, y que 9 de cada 10 perros sean sacrificados en los Centros de Control Canino.

Se estima que 5 de cada 10 perros sufren maltrato por parte de sus propietarios e incluso de algunos entrena-dores en el proceso de *educación*; muchos de estos perros podrían tornarse agresivos y serán puestos en adopción, amarrados en el rincón menos frecuentado de la casa y, finalmente, abandonados o sacrificados.

Sin embargo, hay muchas familias que no abando-narán a sus mascotas, pero verán afectado su bienestar o modificarán su estilo de vida debido a los problemas emocionales que éstas puedan presentar; algunos evi-tarán salir de casa y otros no recibirán visitas debido a que el comportamiento de su perro les resulta inmanejable durante dichos periodos.

Otros propietarios no podrán salir de casa sin que algún miembro de la familia permanezca al pendiente del cachorro, ya que éste, al sentirse solo, entrará en un estado de ansiedad, realizará destrozos o vocalizará incansablemente, afectando la tranquilidad de los vecinos.

El objetivo de este libro es compartir mi experiencia como médica veterinaria y con ello mejorar la calidad de vida de los propietarios y las mascotas para evitar que los perros sean abandonados o confinados en las azoteas por problemas emocionales. Mi deseo es que todos los propietarios puedan llevar una sana y armoniosa relación con sus perros y generar un vínculo estrecho que enriquezca día a día la vida de ambos. Es realmente sencillo establecer relaciones plenas con nuestras mascotas, sólo basta ponerles atención y ser constantes a la hora de establecer rutinas diarias. No olvides recordar que al premiar la buena conducta de los animales, ellos aprenden más rápido y con más eficacia que castigando su mala conducta.

Introducción

Soy la creadora del concepto *plenitud emocional* y lo defino como el estado del ser en el cual el individuo puede expresar las características de comportamiento propias de su especie en armonía con el ambiente que lo rodea. Con ello se establecería una relación entre emociones y conductas, porque, mientras las emociones constituyen un sistema que nos informa de nuestra realidad interior dándole una carga afectiva, las conductas representan todas las acciones que realizamos de manera externa. Las emociones accionan todos los procesos químicos cerebrales que nos llevan a actuar de una manera en particular, por ello, si incidimos en las emociones estaremos incidiendo en la conducta. En ese sentido, un perro no deja de ser perro por vivir en un departamento en el décimo piso en el centro de una gran ciudad y tendrá las mismas necesidades que aquél que viva en una finca en las afueras de la ciudad, seguramente sus propietarios tendrán estilos de vida diferentes y esto hará que las necesidades físicas y emocionales de ambos, caninos y humanos, sean satisfechas de diferentes maneras.

Este libro ha sido diseñado para ayudar al lector a construir una sana y armoniosa convivencia con sus perros basándose en los siguientes elementos:

- Interactuar emocionalmente con su perro de una manera sana para ambos.
- Aprender herramientas de comunicación verbal y no verbal.
- Descubrir las maneras adecuadas de premiar o corregir a un perro sin golpes ni gritos.
- Poner límites dentro y fuera de la casa sin dejar de lado las caricias y los premios.

Estos temas se abordarán mediante ejemplos de la vida cotidiana que generan caos en la mayoría de los amantes y dueños de los perros, llevándolos de la mano para identificar y corregir cada aspecto de su conducta con base en su estilo de vida.

Cada persona o familia determina cuáles serán las reglas de su casa, pero es muy importante señalar que si éstas se modifican diariamente no es posible generar buenos hábitos en un perro. Es necesario entonces tener claro lo que está permitido, y lo que no, dentro de la casa, ya que si los humanos no han acordado cuáles serán las *conductas* que sus mascotas deben adoptar en cada área de la casa, difícilmente lograrán transmitir un mensaje claro y preciso a sus perros.

En cada familia hay ciertos patrones de conducta deseables que para otras familias pueden no serlo; por ejemplo, a la familia Rodríguez puede parecerle encantador que su mascota duerma en la cama de su hija; sin embargo, para la familia Rosales puede ser nefasto que el perro de la casa se suba a las camas de los humanos. Cada familia tendrá sus propios argumentos para aplaudir, o no, si el perro se sube a la cama. Lo incuestionable es que el perro requiere un lugar seco y cómodo para refugiarse, no importa si es sobre una cama para humano o una especial para perro.

Todos los perros poseen la cualidad de adaptarse y pueden cambiar sus hábitos de acuerdo con lo que se establezca en la manada, es decir, puedes lograr que tu perro duerma en la cama sin que se haga pipí en ella, y no será forzoso que duerma en la cochera o en la habitación más oscura y solitaria de la casa. Cada familia va a determinar qué le gusta de su perro y qué no le gusta; probablemente habrá familias que prefieran que su perro esté en el sillón mientras ellos están viendo alguna película y habrá familias que digan que no toleran a los perros en la sala. Esto no quiere decir que sean buenos o malos dueños, simplemente son reglas y es importante que cada perro las conozca, las entienda y se habitúe a la rutina de su casa, de la misma manera que todos los demás miembros de la familia que en ella habitan lo han hecho.

Es importante crear un ambiente de confianza y apertura, ya que al ser sólo impositivos, permanecemos corrigiendo día y noche a nuestras mascotas sin tiempo para disfrutar de su compañía y afecto, perdiéndonos de todos los beneficios físicos y emocionales que genera esta convivencia.

¿El educando educa al educador?

Hay niños a los que su mamá les pide que se sienten a comer y ellos obedecen, terminan su sopa, su guisado, el postre y posteriormente se van del comedor a jugar a la estancia; otros están acostumbrados o habituados a que su mamá les lleve el cochecito a la mesa, que les hagan fiesta, o a jugar mientras comen. Estas situaciones son un claro ejemplo de cómo los seres humanos somos condicionados por los que creemos estamos educando. Lo que pasa en el segundo caso es que el niño condiciona a la mamá, como el perro te condiciona a ti en las conductas que no puedes controlar. Por eso lo importante –y que aprenderás en este libro– es que puedas darte cuenta de si esto te sucede con tus perros y, si es así, observar las consecuencias que trae a tu vida diaria; si éstas te son gratas, podrás seguir con el mismo ritual, pero, de lo contrario, debes ponerte en marcha hacia una nueva rutina.

Para llegar a una meta lo primero que debes conocer es la meta en sí; lo más probable es que tu meta sea tener un excelente perro, pero, ¿qué significa para ti un excelente perro? Y si dentro de la casa convive con otra persona, ya sea familiar, pareja o amigo, deberás pedirle que te describa lo que para él o ella significa un excelente perro. Este paso te ahorrará mucho tiempo y conflictos, ya que constituye la base para dirigir los esfuerzos a un objetivo común: el bienestar para tu perro y las personas que lo rodean.

Elabora tu lista	La lista de tu pareja
•	•
•	•
•	•
•	•
•	•
•	•

La lista de tu mamá	La lista de tu papá
•	•
•	•
•	•
•	•
•	•
•	•

Ahora coloca aquí los puntos que todos mencionaron (coloca en el inciso *a)* lo que más se haya repetido y así consecutivamente):

a) _____

_____

b) _____

_____

c) _____

_____

    Nuestra experiencia de vida nos demuestra que todo lo que nos disgusta con el paso del tiempo se convierte en una carga, y dependiendo del nivel de tolerancia de las personas, éstas explotan y botan dicha carga en el corto o mediano plazo. Por medio de la práctica constante de los ejercicios que aquí describiré se generarán nuevos y mejores hábitos en tu perro, lo que hará que tu rutina diaria sea más placentera.

Mente canina

Mente canina es un concepto que me gustaría que todos los que poseen un perro conocieran. Éste nos permite entender la diferencia entre cómo los humanos estructuran y manejan sus comportamientos y cómo lo hacen los animales, en este caso concreto los perros.

Para entender este concepto es preciso recurrir a la disposición del cerebro humano, en el cual podemos encontrar tres tipos de estructuras distintas: el *cerebro reptiliano*, el *cerebro límbico* o *mamífero*, y el *cerebro neocórtex*. El reptiliano, el más primitivo de los tres, regula las funciones fisiológicas involuntarias de nuestro cuerpo; es, además, el responsable de la acción reflejo-respuesta y es incapaz de hacernos sentir emociones; sin embargo, actúa sobre el control hormonal, la temperatura, el hambre, la sed, la motivación reproductiva y la respiración. Es muy parecido al de los reptiles, como los cocodrilos, pues, en términos prácticos, se puede describir como algo que se acciona o se apaga, y no tiene la capacidad de modularse: el cocodrilo puede estar reposando y en el momento en que ve a su presa, accionarse y morder con toda su fuerza.

A diferencia del anterior, el cerebro límbico, o mamífero, contiene el almacén de nuestras emociones y
recuerdos. En él se encuentra la amígdala, considerada
la base de la memoria afectiva. Entre las funciones y las
motivaciones del límbico están el miedo, la rabia, el amor
maternal, las relaciones sociales y los celos, entre otros.
Es un cerebro más evolucionado y tiene la capacidad de
modularse, es decir, ayuda a decidir qué tan rápido correr
y qué tan fuerte morder; por ejemplo, un perro puede
solamente tocar con sus dientes tu mano o agredirte y
desgarrarte como si fueras su presa. Las mamás caninas
pueden modular este tipo de acciones y levantar a su cachorro del cuello y trasladarlo de un lado a otro sin necesidad de matarlo; esta característica es muy importante y
es la razón por la cual durante siglos se ha recurrido a los
perros para colaborar en las tareas humanas.

El neocórtex, o cerebro racional, es el más desarrollado y permite decidir, a nivel cerebral, lo que se quiere
hacer y lo que no; por ejemplo, yo puedo tener muchas
ganas de ir al baño, pero si estoy en un lugar que es inapro-
piado, puedo retener y condicionarme a sólo ir en ciertos
lugares evitando dejarme guiar meramente por el instinto. Este cerebro posibilita tener conciencia y controlar las
emociones, a la vez que desarrolla las capacidades cogni-
tivas como la memoria, la concentración, la autorreflexión
y la habilidad de escoger el comportamiento adecuado.
Es la parte consciente de la persona, tanto a nivel fisiológico como emocional.

Para comprender de manera sencilla esta clasifi-
cación le daremos el nombre de *cerebro emocional* a

la conjunción del cerebro reptiliano y el límbico, y al tercero lo llamaremos *cerebro racional consciente*. Gracias a estas estructuras cerebrales los humanos tenemos la capacidad de seleccionar los estímulos externos e internos a los cuales queremos responder y cómo queremos hacerlo, no se trata de un proceso meramente automatizado como ocurre en el caso del cerebro reptiliano. Por otra parte, este tipo de capacidades pueden desarrollarse también por un canino a pesar de no poseer una estructura neurofisiológica tan compleja como la de los humanos. Por este motivo es importante saber cómo funciona su cerebro para poder reconocer sus capacidades y limitantes.

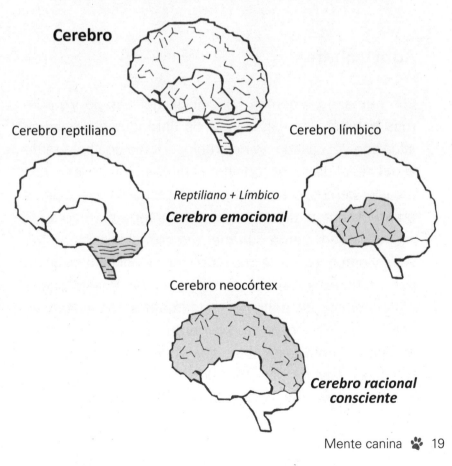

Cerebro

Cerebro reptiliano

Cerebro límbico

Reptiliano + Límbico
Cerebro emocional

Cerebro neocórtex

***Cerebro racional
consciente***

Debido a que el perro moderno evolucionó de cazar animales a convertirse en animal de compañía, su corteza cerebral, la que controla el sentido del olfato, es mucho más grande que la misma parte en el cerebro humano. En contraste, la sección del cerebro humano que razona y piensa es mayor que la del perro. Esta estructura cerebral es la que los humanos empleamos para desarrollar muchas de nuestras actividades diarias relacionadas con la resolución de problemas; es aquí donde se originó tu idea de leer este libro para conseguir herramientas para lograr incidir en lo que ya definimos como cerebro emocional de tu perro y realizar cambios en su conducta.

Aquí y ahora

Los humanos tenemos conciencia del tiempo y podemos generar una experiencia de aprendizaje de alguna situación del pasado. Por ejemplo, si llego una hora tarde al trabajo el día lunes, dos horas tarde el miércoles y dos horas el viernes, cuando mi jefe me descuente cinco horas en mi cheque el día de pago podré traer a mi mente los motivos que hicieron que me retrasara al llegar a mi trabajo, y entonces sabré que estoy recibiendo el pago justo por las horas trabajadas. Ese mismo día mi jefe puede amenazar con despedirme si los retardos continúan y yo actuaré en consecuencia. Muy probablemente, mientras mi jefe me detalla las horas que no laboré yo traiga a mi mente las razones por las cuales no acudí a mi oficina en tiempo y forma. Recordaré que el día lunes mi despertador se retrasó, que el miércoles tomé una calle en la que encontré mucho tráfico, y el viernes repetí la ruta; a raíz de la llamada de atención de mi jefe, y de las consecuencias a mi economía, es altamente probable que decida no repetir la ruta jamás.

Este proceso nos resulta lógico desde una perspectiva humana; sin embargo, desde esta misma perspectiva, no tenemos evidencia suficiente para constatar que en la *mente canina* se lleva a cabo el mismo proceso de asociación y análisis. Por ejemplo, si hoy llegas a tu casa y encuentras un destrozo en la sala y al día siguiente encuentras otro, y tres días después otro, el hecho de reprender a tu perro con gritos o golpes por haber encontrado pipí en la sala no generará un aprendizaje. Recordemos que, gracias a nuestra estructura cerebral, nosotros podemos realizar de manera racional muchas asociaciones al mismo tiempo; sin embargo, tu perro no posee esta misma habilidad en su estructura cerebral, por lo tanto, un regaño no evitará que repita una acción y no sabrá que lo que te molesta es que orine en tu sala. Si deseas corregir un mal hábito como éste, la corrección debes realizarla en el momento preciso en que tu perro está empezando a olfatear con la intención de orinar, o por muy tarde cuando comiencen a caer las primeras gotas al piso; esto debe hacerse así porque el problema consiste en miccionar en un lugar inadecuado, y no en el hecho de cubrir una necesidad fisiológica o acceder a la sala. Por lo tanto, saber que tu perro, debido a su conformación cerebral, es capaz de aprender eficientemente en el presente evitará que te desgastes innecesariamente por situaciones pasadas.

La memoria canina

El hecho de que no podamos comprobar que un perro pueda aprender en un tiempo diferente al presente no evidencia que no posea memoria. Recordemos que el cerebro límbico funge como almacén de la memoria afectiva, por lo cual, podemos asegurar que los perros sí tienen memoria y se valen de todos sus sentidos: oído, vista, tacto y su potente olfato para recordar cosas. Por ejemplo, si hoy un humano varón corpulento maltrata a un perro, este último genera una experiencia negativa en el presente, y a partir de ese día prestará más atención a ese tipo de personas. A consecuencia de estas experiencias es que hay perros que son agresivos solamente con determinadas fisonomías humanas, puede ser por el tipo de cabello, el color de la piel, la corpulencia, los aromas en torno a esta persona, la estatura, etcétera. Éstas son las cosas en las que un perro se fija mucho y si ha tenido una experiencia negativa, se puede presentar el caso de un perro nervioso, ansioso o agresivo ante personas que tienen estas características. Pero esta experiencia la aprendió hoy, no pudo aprenderla del pasado.

Dependerá de qué tan profunda haya sido la experiencia negativa del perro para saber si necesitará 15, 20, 50 o más experiencias positivas para cambiar esta asociación; es decir, requerirá el contacto con una persona de características similares, pero que ahora lo premie o acaricie. Es un proceso complejo y debe realizarse bajo la dirección de un terapeuta, ya que puede ser contraproducente si no contraproducente si no se genera una experiencia efectivamente positiva desde la perspectiva canina.

Por otro lado, las amenazas verbales constituyen un tipo de condicionamiento a futuro para un humano; por ello, puedo amenazar a mi vecino: "¡Si lo vuelvo a ver rondando mi patio trasero en la madrugada, llamaré a la policía!" Sin embargo, para un perro las amenazas verbales pueden no tener significado dentro de su contexto, ya que eso implica un proceso racional que para nosotros resulta muy sencillo, pero para un perro no lo es. Más adelante encontrarás la manera más adecuada para comunicarte con tu perro, según la situación que se presente.

Tampoco un perro puede aprender a futuro o con las condicionantes o amenazas verbales convencionales. A un niño le diríamos: "Si te portas bien en la reunión familiar, te voy a llevar al parque, y si te portas bien en el parque, te voy a comprar un helado". Al perro no es necesario que le expliques todo eso, ya que no tenemos suficiente evidencia para afirmar que puede asimilar todas las condicionantes; un perro vive todo en el presente, poco a poco, y va obteniendo premio por premio, enfocado sólo en la recompensa a alcanzar en ese instante, sin importar si después viene o no algún otro premio.

¿Cómo me comunico con mi perro?

Coevolución humano-canina

De acuerdo con los fósiles más antiguos que se han encontrado se puede decir que la relación entre perros y humanos comenzó hace alrededor de once o trece mil quinientos años atrás. Y es probable que por medio de este vínculo se empezaran a generar diversas estrategias de supervivencia en conjunto, tanto de los caninos valiéndose de las poblaciones humanas como de los humanos valiéndose de las poblaciones caninas. Se asume que el primer contacto pudo ser por medio del rapto de cachorros o el arribo de éstos a las zonas donde los humanos montaron los primeros campamentos en busca de alimento.

A partir de ese momento, se especula que se generó un vínculo mucho más estrecho: los perros al verse inmersos en grupos humanos sedentarios empezaron a imitar ciertas conductas. Hoy podemos afirmar que hubo circunstancias que facilitaron el contacto y favorecieron la comunicación entre estas dos especies. Por ejemplo, compartimos estructuras jerárquicas similares: los perros forman manadas donde siempre hay un jefe, un macho, una hembra o comúnmente ambos. Esto último también se presenta en las familias humanas; de acuerdo con su estructura, el papel del líder puede ser protagonizado por la mamá, el tío o la abuelita, y ellos son los que buscan dirigir todas las operaciones de los miembros del grupo, les guste o no. Así que a los caninos les resultó *sencillo* asociar los roles sociales de sus manadas con los roles sociales humanos.

Con el tiempo los perros empezaron a asociar las posibles conductas de los humanos por medio de su lenguaje corporal. Debemos recordar que la comunicación con palabras no era precisamente el medio preferido de los antiguos humanos, sus diálogos se construían a partir de un lenguaje no verbal, a diferencia de hoy en día donde utilizamos cientos de palabras. Entonces, esto nos ayuda a entender que emplear muchas palabras, que como humanos podemos entender fácilmente, no nos asegura que un perro las pueda asimilar. Aunque le podamos recitar toda una explicación del por qué hacer una cosa y no hacer otra, como: "No quiero que destroces mi cama, mira que me costó mucho trabajo comprarla y es un modelo único, importado", etcétera, para un perro todo ese cúmulo de palabras que decimos puede no impactar en lo absoluto; ellos mantienen mucha más atención en la intención y el lenguaje corporal que utilizamos para expresarnos.

Con este ejercicio podrás comprobar la asociación que hace tu perro con las palabras, la intención y el lenguaje corporal que utilizas.

- Colócate delante de él y frente a un espejo lo suficientemente grande para que ambos puedan verse de cuerpo completo.
- Elige una palabra que tu perro tenga perfectamente asociada; puede ser su nombre o un sustantivo que represente algo que le sea grato, por ejemplo: *galleta*, *hueso*, *jamón*, etcétera.

- Colócate en cuclillas o con el torso flexionado al frente y mantén tus manos pegadas a tu cuerpo; menciona el sustantivo que elegiste con tu tono de voz normal y observa por el espejo a tu perro, especialmente sus orejas y su cola.
- Sin apartar la vista del espejo cambia tu lenguaje corporal: enderézate, mantén erguida la espalda para que puedas sacar el pecho, dobla tus codos y lleva tus manos a la cintura, repite la palabra en un tono imperativo y pon especial atención de nuevo en las orejas y la cola de tu perro.

¿Qué hay de diferente? ¿Qué te transmite tu perro con la colita agitada y para arriba? ¿Qué significa para ti la colita abajo y las orejas hacia atrás pegadas a su nuca? ¿Logras percibir su estado emocional?

Conexión humano-perro

Para restablecer la conexión humano-perro a un nivel primario tenemos que reconectarnos con nosotros mismos, asumir una actitud más allá del discurso mental y de las palabras. La *comunicación no verbal primaria* que se generó entre las comunidades humanas y las manadas de perros sería algo muy similar a lo que ocurriría si hoy llegaras a un país que no conoces con un idioma que no dominas. Por ejemplo, cómo sería para un hispano llegar a Japón y necesitar usar el sanitario, ¿qué haría?, no conoce el idioma, ni las costumbres, ni la cultura y mucho menos toda la estructura social japonesa. La manera más natural para el hispano sería emplear su *lenguaje no verbal*, emplear señas y gestos para tratar de transmitir su mensaje a través de esa no verbalidad; ya que, aunque intente dar su mejor discurso, seguramente el japonés con el que se quiere comunicar no habla español y no va a entender nada de lo que dice, sin embargo, el hispano tiene que satisfacer su necesidad de usar el sanitario y buscará todos los medios para hacerlo.

Situaciones como éstas se presentan muy a menudo cuando una familia adopta a un perro joven o adulto, que al igual que el viajero tiene disposición a conocer e interactuar para satisfacer sus necesidades, tanto físicas como emocionales, y esta disposición no sólo se presenta en el perro, sino en ambas partes, en el perro y en la familia.

El caso de los cachorros es distinto, pues muy probablemente ellos no decidieron ir de viaje a un lugar diferente con gente extraña; es como si un día amanecieras y te encontraras en medio de una tribu en el Amazonas, o en una casa de seguridad donde no decidiste llegar y al no haber motivación por estar ahí tu actitud no es la misma que cuando tienes disposición a hacer algo. Mientras que los perros jóvenes y adultos tienen su lado emocional y fisiológico enfocado en el mismo objetivo, el lado emocional del cachorro empezará a asimilar la separación de la madre, por ello, su instinto de supervivencia estará evaluando la manera de satisfacer sus necesidades fisiológicas (comer, ir al baño, no padecer frío) y de seguridad (¿será una tribu caníbal?). Si logra satisfacer esas necesidades asegurándose de que su vida no corre peligro, entonces estará listo para iniciar una convivencia.

Piensa de nuevo en el ejemplo de la tribu del Amazonas: ya te diste cuenta de que no estás en una tribu caníbal y sus miembros te proveen de un techo y alimento; una tarde ves que están tejiendo palmas y como tú posees conocimientos en el tema, te aproximas al grupo y los apoyas en la labor, ellos te agradecen y te regalan una fruta exótica tan suculenta que estarías dispuesto a tejer todo el día para disfrutarla continuamente. Por medio de esta experiencia es muy probable que tu mente empiece a idear nuevas aportaciones al grupo y mientras sigas siendo recompensado buscarás mantenerte en esta línea. En cambio, si te aproximas al grupo cuando éste cocina y todos te gritonean y te apuntan con lanzas, volverás a tu lecho salvaguardando tu integridad y sin deseos de cocinar.

La premisa del vínculo ancestral entre perros y humanos establece que los perros estaban, desde la perspectiva humana, a la expectativa y evaluando los comportamientos humanos para actuar en consecuencia. Los perros se incorporaban a la rutina de los humanos quienes seguían en su devenir diario (cazando, recolectando, tejiendo, etcétera) desde su zona de seguridad o refugio por voluntad propia. Actualmente tenemos esta situación invertida: los humanos estamos a la expectativa del comportamiento de los cachorros y entonces actuamos en consecuencia a sus acciones; por ello, el cachorro toma el control de la casa, ya que la rutina familiar gira en torno a él y en muchas ocasiones nadie vuelve a desempeñar sus actividades gratamente. Esto provocará tensión entre los miembros de la familia, hasta que todos los integrantes lleguen al borde del hastío y pongan al perro en la calle, en adopción o lo sacrifiquen.

Lo anterior se parece a lo que viven muchas familias hoy en día: en lugar de que los padres dicten las reglas y los hijos las lleven a cabo, ahora algunos hijos se han vuelto tiranos y les dictan las reglas a sus padres, y éstos sufren día a día queriendo seguirlas. Sin embargo, un pequeño no posee ni el conocimiento ni la experiencia para saber qué es lo mejor para él, no ha comprendido el concepto de educación en un contexto social, y podrá preferir el sabor de un alimento sobre otro y así decidir qué comer, pero desconoce sus necesidades nutricionales.

Esta situación provoca que, en el caso del cachorro, éste busque que sus necesidades sean satisfechas por sus *sirvientes humanos* más que adaptarse y darse a entender con ellos. Por lo tanto, es deseable que un cachorro se muestre a la expectativa, ya que esto le permite generar un aprendizaje y evaluar constantemente las situaciones, pues un error puede ser letal. Por ejemplo, cuando llegas a una casa que no conoces, con personas a las que nunca has tratado (piensa en la familia de tu pareja), también estarás a la expectativa, procurando no cometer un error que pueda provocar el rechazo. Si todos se sientan a comer, te sentarás a comer muy apropiadamente; si todos se dirigen hacia la sala, también te dirigirás a ésta; si todos se ríen, tú también reirás; si todos ponen cara de sorprendidos ante el comentario de alguien, tú vas a tener esa misma actitud; éstas son las conductas que se imitan dentro de un grupo social.

Todas las especies que vivimos en grupos hemos desarrollado pautas de comportamiento que nos permiten satisfacer nuestra necesidad de convivencia con nuestros congéneres. En el caso de los caninos existen también estos protocolos. Los seres humanos, en particular adolescentes y adultos jóvenes, asumimos que el que pone las reglas es tirano o malo; a mí no me gusta que me pongan reglas, entonces, asumo que si yo las pongo, voy a ser el malo y no me van a querer. Asimismo, en muchos casos este *sentimiento de culpa* por ser el que pone las reglas y no quien las acata viene de esta *necesidad de aprobación* que es inherente a todos los individuos de una manada; esto incluye a los perros domésticos actuales, quienes en su mayoría están dispuestos a todo para no ser excluidos de sus manadas-familias.

Por querer satisfacer la *necesidad de aprobación*, que es inherente a nuestra convivencia dentro del grupo social, redirigimos erróneamente nuestra conducta. Entonces, se puede dar el caso de que yo crea que si pongo un límite no va a ser bien visto y seré un tirano odiado por todos. Sin embargo, cualquier mamá que eduque a su hijo pondrá un alto si un día éste llega con la goma o el sacapuntas de diversos compañeros; si esta llamada de atención no ocurre no será extraño que luego de ocho días llegue con una lapicera y, probablemente, esa conducta se repita. Por ello, el papel de la mamá en esos casos puede centrarse en reforzar la conducta y decir: "Gracias por traernos gomas a la casa, ahora no tenemos que comprarlas"; o fingir que no pasó nada y entonces esperar la respuesta del niño para evaluar qué sucede después: si sigue trayendo cosas o fue algo ocasional; otra opción es afirmar: "Esto no es tuyo, vamos a devolverlo a la persona a la que le pertenece". Dentro de esas tres opciones va a estar la conducta que el niño repetirá hasta formar un hábito, y su referente será la conducta que manifieste su mamá.

El caso de los perros es el mismo: los cachorros asumen el papel que el humano inconscientemente les dicta; entonces podemos tener cachorros o adultos que sigan el rol de *defensor*, *odioso*, *ladrador*, *mordelón* y, por supuesto, no podemos olvidar el famoso *destructor*. De la misma manera en que las mamás probablemente no hubieran deseado que sus hijos se convirtieran en delincuentes, muchos propietarios no perciben que con cada pequeña acción van contribuyendo para que, al final del día, su lindo cachorro obtenga el título de *hiperactivo* o *desastroso*.

Instrucción/Liderazgo
¿Imposición o convicción?

Todas las especies que vivimos en manadas desarrollamos una estructura social que demanda pautas de comportamiento que, dentro de nuestro contexto social y cultural, reconoceremos como apropiadas o inapropiadas. Estas pautas nos las enseñan los miembros que tienen mayor experiencia, como en el caso de los padres, tíos, abuelos o hermanos mayores. En los grupos humanos, al confiarle a los adultos la educación de los más pequeños, ellos se convierten en modelos a seguir y en directores de las acciones y las obras de los menores. Además, en los adultos también recae la responsabilidad de proteger sus vidas, darles cariño y prepararlos para que en el futuro sean personas de bien. Los perros funcionan más o menos bajo la misma estructura.

Pensemos en una familia convencional: un papá, una mamá y sus hijos; los primeros serían los adultos encargados de los pequeños, sin embargo, ésta no es una estructura que tengamos en todas las familias hoy en día. Muchas veces, aunque haya un papá y una mamá que en teoría serían los que deben llevar la directriz, esto no ocurre así; a lo mejor tenemos una abuelita o una tía-abuela que lleva *los pantalones* de la casa, independientemente de todo lo que puedan decir los demás miembros de la familia, y para ello se vale de muchas estrategias. Esta abuelita cariñosa y que es muy apapachadora con los nietos, con los más grandes puede ser muy firme: "¡Tú no haces esto!, ¡no te cases con esa mujer!, ¡tú no vas a ese lugar!", etcétera. Normalmente son también muy manipuladoras y les gusta estar al pendiente de todo lo que sucede dentro de casa: "¿Qué se compró en el súper?, ¿por qué se compró esto?"; si se compró en el mercado la fruta o verdura: "¿Por qué esta verdura y no ésta otra?" Son muy cariñosas, pero también muy controladoras.

Por ejemplo, si tengo una mamá así, que es lógicamente la abuelita de mis hijos, y yo no he podido desprenderme de su manada para formar la mía, es altamente probable que aunque yo sea la dueña del perro, ella sea a quien mi perro considere digna de seguir, ya que todos en casa lo hacemos. Normalmente, estas señoras y las personas con este tipo de personalidad (porque también hay varones con estas características) no tienen problema con los perros, incluso con los líderes natos, ya que son sumamente firmes. Seguramente a los nietos les dicen: "Te sientas a comer, ¡ahora!", a diferencia del "Cariñito, por favor vamos a comer", que es como se expresaría una mamá tal vez un poco más joven, que claramente denota un nulo interés en ser impositiva con el niño.

En los perros existen muchos perfiles de *perronalidad* que no requieren imposición y que jamás se atreverían a retar a los humanos o perros con los que conviven, pero hay otros que en ausencia de alguien que dirija de inmediato se colocarán en la silla del *director de la película*. En las sociedades humanas estos roles jerárquicos son otorgados de manera tradicional a las personas con mayor experiencia y edad; en las manadas caninas los adultos también son los encargados de instruir a los cachorros en todos los aspectos de la vida: alimentación, protección y huida en situaciones peligrosas. Cuando un cachorro no tiene un perro adulto que le instruya estará a la expectativa de la instrucción humana, y es vital que este humano pueda transmitir el mensaje de forma precisa y logre instruir al cachorro en vez de someterlo a un régimen de continuos castigos, gritos o golpes.

Por medio de una adecuada instrucción en el cachorro se genera seguridad, identidad y pertenencia. Cuando nos imponemos valiéndonos de nuestra supremacía física como humanos generamos miedo e inseguridad, y el cachorro difícilmente logra una identidad dentro de la manada. Por el contrario, desarrolla una rápida *defensibilidad*, es decir, siempre estará predispuesto a interpretar cualquier movimiento o acción como indicio de agresión y reaccionará de inmediato, huyendo, gruñendo o mordiendo, según sea el caso. Esta misma reacción ocurre con una persona que está bajo presión. Alguien a quien continuamente su jefe le dicta órdenes comenzará a vivir en un estado de estrés, estará más reactiva, elevará su tono de voz al responder y lo hará de manera déspota, hiriente o agresiva, y, dependiendo de su tolerancia, llegará al hastío y buscará un nuevo empleo. Sin embargo, la sensación de tener libre albedrío enriquece nuestras vidas y nos permite asumir las consecuencias, buenas o malas, de nuestros actos debido a que de forma soberana los elegimos.

Existen quienes establecen su jerarquía por imposición, como en el caso de algunos jefes; esta situación puede terminar por hartar a la persona y hacer que renuncie pensando que eso no es lo que esperaba. A diferencia de quienes establecen un liderazgo por convicción y pueden ser amigos de aquellas personas que los siguen o de su equipo de trabajo, las personas de grupo estarán ahí pase lo que pase, porque lo que cobra importancia es el equipo y no el jefe.

En los perros el líder nato normalmente se establece desde los primeros días de vida. Se ha evaluado a manadas donde los cachorros líderes empiezan a desplazar a los demás de las glándulas mamarias de sus madres para quedarse con las que tienen más leche, dejando a los otros con las glándulas de menor producción. En todas las camadas hay uno o dos líderes, los percibimos por su mayor tamaño y su estado más alerta con respecto al resto del grupo: son los primeros en ladrar ante la presencia de algún extraño y, muy probablemente, agredan físicamente a otros miembros del grupo. Los individuos que son constantemente agredidos, por lo regular, poseen una corpulencia menor y los consideramos como de *menor jerarquía*, algunos los clasifican como omegas (Ω); y entre uno y otro extremo estarán ubicados los individuos de *jerarquía intermedia* o *beta* (β).

Poseer esta información es de gran ayuda cuando adoptamos o compramos un cachorro, debido a que, aunque cada perro es único e irrepetible, hay ciertos patrones de comportamiento que se repiten. Los individuos que son líderes natos tenderán fervientemente a mantener su voluntad sobre los humanos y requerirán un esfuerzo mayor, que implicará constancia y paciencia. Es muy diferente con aquéllos que tienen una *jerarquía menor*, ellos sólo buscarán establecer sus reglas cuando no exista en casa ningún humano que sea capaz de transmitirle lo que está permitido o no en cada área de la casa. Para el caso de individuos de *mínima jerarquía* es muy importante generarles seguridad y confianza, ya que si se sienten demasiado intimidados pueden mantenerse a la defensiva en extremo.

Creo firmemente que cuando un perro llega a una familia es para enriquecerla en diversos aspectos e influir en la vida de las personas que la integran. Todos los perros tienen una misión que puede entenderse por cuestiones de destino, universo, energía, o cualquier otra, dependiendo del punto de vista de cada persona. En mi experiencia todos los perros llegan para fortalecer ciertas virtudes o habilidades de sus propietarios, y depende de ellos asumir el reto y afrontarlo para disfrutar de una armoniosa y enriquecedora relación con su perro y sus semejantes.

Hay ocasiones en que la familia decide no asumir el reto o se queda estancada en el proceso debido a varios factores: puede ser que el perro tenga un carácter muy fuerte y llegue con personas que no tienen esa cualidad, y que muy probablemente estén rodeadas de *amigos* o familiares que se comportan de manera impositiva con ellos. En el otro extremo, puede haber perros muy sumisos que llegan con personas demasiado firmes. En estas situaciones se presenta la oportunidad de relacionarse de manera diferente frente a la imposición: si tengo un perro que me está dando a entender que no tengo límites definidos en mi casa o en mi rutina diaria, seguramente tampoco los tengo en mis relaciones laborales o emocionales.

Dichas situaciones son oportunidades en las que, por medio de la relación con tu perro, puedes encontrar el equilibrio en tus relaciones con los demás, lo que te permite fortalecer, enriquecer y mejorar tu vida personal, profesional y emocional. Me gustaría invitar a los lectores a que evalúen todos los puntos que trataremos en este libro, porque es muy probable que encuentren en sus relaciones personales características descritas aquí. Y si por medio de los ejercicios que propongo van a encontrar la plenitud en la relación con sus mascotas, pueden también tomar un camino semejante que les permita alcanzar ese estado en sus demás relaciones.

Hay ciertos patrones de conducta que los humanos seguimos y que nos permiten admirar o respetar a nuestros mayores, y estos patrones los compartimos con los caninos. En ambos casos, tanto para los humanos como para los perros, existe la figura materna que es proveedora de alimento, cuidados, cariño, aseo, seguridad y es reconocida en automático como una autoridad. En los dos grupos, las figuras de autoridad son las encargadas de dictar las normas que deben regir la vida de los individuos en el espacio que habitan, y éste será el papel que para tu perro, especialmente si es cachorro, asumirás. Serás ahora el o la encargada de completar su proceso de formación.

Distribución de espacios

Cuando se vive con perros debemos contemplar los espacios dentro de casa porque es importante que tengan un lugar para comer, uno para descansar, un área de tránsito y juego, una zona para hacer del baño y, en algunos casos, habrá que determinar si hay zonas prohibidas, como una bodega de jabones o diversos productos de aseo que representan un riesgo de toxicidad para ellos. Estos espacios se asignarán de acuerdo con el criterio de cada familia, pues, incluso, la habitación o la cocina pueden ser zonas prohibidas.

El primer espacio que sugiero designar es el área en la que el perro hará del baño, ya que al elegir este espacio será mucho más fácil distribuir las zonas restantes. Esta zona debe cumplir con cinco características básicas:

- Debe estar ventilada para evitar la acumulación de olores.
- Debe ser de fácil aseo, de preferencia cerca del acceso al drenaje.
- Debe ser accesible para la capacidad física de tu perro; debe poder entrar y salir de ahí por su cuenta, aun cuando no haya nadie en casa.

- Debe estar alejada de pasillos o puertas de uso continuo para ti o tus familiares.
- Debe estar alejada de la entrada de la casa, de lo contrario será lo primero que perciban tus invitados al llegar.

De manera natural, las mamás caninas enseñan a sus cachorros a orinar y defecar alejados de la zona de refugio o casa, ya que el aroma de las heces u orina puede atraer a predadores y poner en riesgo su vida. Cuando adoptamos un perro que creció en condiciones de calle, tendrá este principio perfectamente instaurado como un hábito, pues la mamá canina se lo habrá puesto muy en claro. Igualmente, cuando las caninas dan a luz en casa serán imitadas por sus pequeños y, al cabo de la quinta o séptima semana de edad, ya estarán haciendo del baño en la zona en que mamá lo hace. Desafortunadamente esto no sucede en las fábricas de cachorros o criaderos intensivos, dado que las madres nunca salen de las jaulas y, debido a la falta de espacio, ellas tienen que defecar, comer y orinar casi en el mismo espacio, y esta condición también limitará a los cachorros que requerirán un poco más de atención en este sentido.

Una vez seleccionada el área que fungirá como baño para tu mascota, la siguiente zona a designar será la de descanso; para la cual deberás considerar las siguientes características:

- Es preferible que esté a ras del piso, puedes colocar una cama o tapete para perro que sea bastante confortable según el clima en que habites.
- Debes evitar los puntos elevados como sillones, descansos en escaleras, jardineras, etcétera; lo cual puede favorecer la territorialidad.
- Debes evitar que sea una zona de tránsito constante, como la entrada de casa, pasillos principales, la puerta de la cochera, etcétera.
- Esta zona debe corresponder geográficamente a la esquina contraria a la que deseas que tu perro haga del baño.

Zona limpia　　　　　　　　　**Zona de alimentación y juego**

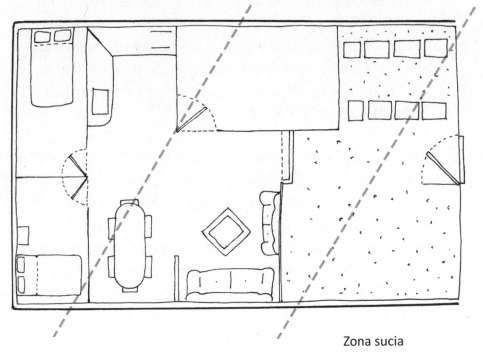

Zona sucia

Una vez designadas las dos zonas principales, baño y descanso, debemos colocar en el espacio intermedio a éstas las zonas de alimentación y juego: la de alimentación deberá encontrarse más próxima a la zona de descanso e inmediatamente después debe estar lo que tu perro considerará la zona libre, de tránsito o juego. Si posees un cachorro, lo ideal es empezar en una habitación o área pequeña de casa, pues es muy probable que pase la mayor parte del día ahí. Comienza por colocar el tapete entrenador, o periódico, en la esquina contraria a su cama, comida y agua. Una vez que transcurran 15 días a partir de que tu cachorro no ha tenido accidentes a la hora de orinar o defecar puedes ir ampliando el espacio.

Es sumamente importante tener en cuenta que éste es un proceso de aprendizaje, y en esos procesos hay aciertos y errores. Habrá tres días en que puedas creer que lo lograste, pero al cuarto quizá ocurra un accidente fuera del área y será perfectamente normal; paulatinamente el número de aciertos superará al de los errores, recuerda que ¡así aprendiste tú!

Si encuentras accidentes fuera de la zona, evita reprender a tu cachorro, recuerda que si no corregiste en el momento en que él realizaba la acción, ahora es muy tarde. Evita desgastarte, sólo limpia (de preferencia cuando él no esté frente a ti, para evitar que tome tu ritual de aseo como un juego); y recuerda que debes premiar también justo en el momento de la acción, así que mientras está miccionando en el tapete acarícialo u ofrécele alguna recompensa, como comida o galletas para cachorro.

Un cachorro, al igual que un niño pequeño, acudirá al baño con más frecuencia que un adulto, así que ten paciencia.

Por su parte, las zonas prohibidas deberán ser pactadas por la familia con base en sus costumbres, y es muy importante que ningún integrante rompa este pacto y permita el acceso de la mascota a estas zonas. Para no generar confusiones o discusiones innecesarias entre los miembros de la familia, cuando el cachorro intente poner una pata dentro del límite, que puede ser físico (el marco de la puerta de la habitación) o imaginario (una línea que fungirá como barrera), emitiremos la orden o palabra de corrección, por ejemplo, *¡fuera!*, para generar en el perro una asociación negativa. Si por alguna razón logra entrar a esta habitación sin que nos percatemos, debemos emitir la orden de corrección y aproximarnos al perro por el lado de donde está su cola, permitiéndole salir por su propio pie del área. Evita cargarlo, ya que muchos cachorros tienen asociado que cuando los cargamos es para hacerles cariños; esto puede hacerle creer a tu perro que lo estás premiando por el acceso a esta área y ése no es el mensaje que queremos que él comprenda.

En cada etapa de la vida tenemos personas que nos rodean, que fungen como maestros y nos permiten conocer y experimentar emociones; es nuestra decisión abrazar lo que queremos y desechar lo que no deseamos para nuestra vida. Cuando adoptamos o compramos un perro (cachorro o adulto) es nuestro deber y responsabilidad guiarlo en esta nueva etapa de su vida de manera certera, amable, precisa y paciente. Encontraremos situaciones que son dignas de tomar en cuenta y otras que más vale desechar, y este cúmulo de experiencias generará en ambos confianza, seguridad y un fuerte vínculo afectivo que permanecerá de por vida. Convertirte en el maestro de tu perro, ganarte su admiración y respeto te permitirá tener una relación armoniosa con él en cualquier situación de la vida, dentro y fuera de casa.

Me gusta, lo premio;
no me gusta, no lo premio

Entender este precepto y aplicarlo de manera cotidiana llevará la relación con tu perro a un nivel de excelencia. Definamos entonces en qué consiste.

- ***Me gusta***, se refiere a cualquier acción que realice tu perro en tu presencia y que te resulte agradable.

- ***Lo premio***, se refiere a cualquiera de las siguientes acciones:
  - *Caricias*: contacto físico entre tus manos y cualquier parte del cuerpo de tu perro.
  - *Mirar*: dirigir tu vista hacia su rostro.
  - *Dar comida*: ofrecerle a tu perro cualquier sustancia que pueda consumir, como croquetas, galletas para perro, carnazas, etcétera.
  - *Palabras cariñosas*: emplear palabras cariñosas y apapachos, puede ser su nombre en diminutivo, o algún término cariñoso, como *chiquito, precioso, cariñito*, etcétera.

- **No me gusta**, se refiere a cualquier acción que realice tu perro en tu presencia y que te resulte *inapropiada* y no deseas que se repita.

- **No lo premio**, implica evitar el contacto visual, físico y verbal con tu perro.

Recordemos que los perros generan un aprendizaje en tiempo presente por medio de las experiencias que viven. Las experiencias que se repitan de manera consecutiva crearán un hábito; y para generar un hábito se requiere que esta conducta se repita de manera *constante* por lo menos 21 días.

Hasta ahora no tenemos evidencia de que algún perro pueda aprender un idioma como tal, pero sí sabemos que pueden relacionar una señal y una palabra con una acción; por ejemplo, si le pides que se siente, no importa si le dices *sit* o *siéntate*, al realizar la acción él no estará demostrando sus amplios conocimientos de lengua inglesa, pero sí podrá asociar la palabra a la acción.

Ejercicio 2

Tu perro será capaz de asociar una palabra o señal a la acción de sentarse.

- Coloca una croqueta o un premio para tu perro entre tu dedo gordo y el medio, manteniendo recto tu dedo índice.

- Acerca tu mano en dirección a su cabeza y pídele que se siente sin mover tu mano, sólo repite la palabra que hayas elegido. Percibirás que su atención se concentra en olfatear el premio de tu mano.
- Dirige ligeramente tu mano hacia su nuca y en el momento en que veas que baja la cadera deposita el premio en su boca y acarícialo.

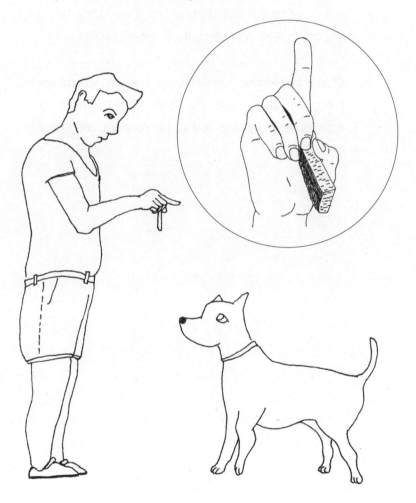

- Repite esto por lo menos ocho veces y podrás percibir que cada vez lo hace más rápidamente.
- En algún momento te darás cuenta de que permanecerá sentado viéndote, en espera de algún premio (caricias, palabras, galletas para perro, etcétera).
- Éste es el más claro ejemplo de que cuando algo le gusta estará dispuesto a repetirlo si lo asocia con una *recompensa positiva para ello*.

El que enseña se convierte en maestro y todo maestro que tuvo la paciencia de enseñar es digno de ser admirado y seguido por su perro y sus congéneres.

Vínculo emocional con los perros

La relación que se establece en la actualidad entre los grupos humanos y las manadas caninas está en constante cambio, y ocurre que el vínculo emocional entre perro y humano se vuelve más fuerte. En este libro trabajaremos elementos para generar vínculos emocionales sólidos y sanos con nuestras mascotas. Para comenzar hay que decir que los vínculos emocionales son esos hilos invisibles que nos unen a los seres que nos rodean, nos hacen compartir las mismas sensaciones y emociones en un momento determinado, y permiten que las podamos interiorizar en grupo.

Cuando percibimos algo del exterior, por medio de cualquiera de nuestros sentidos, el cerebro lo interpreta y genera toda una cascada de químicos cerebrales que harán mover nuestro cuerpo en respuesta. Las emociones constituyen un extraordinario estímulo que acciona miles de estos químicos cerebrales llamados neuropéptidos, los cuales viajan a través de todo nuestro cuerpo y nos hacen gritar, correr, respirar agitadamente o sonreír, tal vez, llorar. Las respuestas a estos estímulos son muchas y dependen de ellos y de cómo el cerebro ha aprendido a interpretarlos.

Para construir un vínculo emocional lo primero que se requiere es hacerle sentir a otro que es especial; en este aspecto los perros llevan absoluta ventaja sobre la transmisión de emociones y son capaces de hacerte sentir único sin importar si eres estudiante, profesionista, ama de casa, hombre o mujer. Un perro puede hacerte sentir especial en todo momento, lo cual siembra un sentimiento de seguridad y, por ello, muchos humanos desarrollamos lazos más fuertes con perros que con otras personas.

Una vez construido este vínculo es importante mantenerlo y en este rubro la característica principal es la incondicionalidad. Tus mejores amigos siempre están ahí y son capaces de hacerte sentir que están cerca a pesar de la distancia, así que tu perro siempre estará ahí sin importar las circunstancias, sociales o económicas, de tu vida.

Todo vínculo de este tipo implica una determinada cantidad de conexión física y emocional entre los involucrados, y una vez que se construye y mantiene permanecerá a lo largo del tiempo; esto supone que, a pesar de cualquier situación incómoda o alguna rencilla, el cariño pesará sobre alguna situación adversa y no habrá rencores.

Día a día enriquecemos estos vínculos mediante la interacción con nuestro perro, porque compartimos e intercambiamos todo tipo de emociones, desde las más alegres hasta las más tristes, y ese intercambio emocional es lo que puede traer a tu vida algunos beneficios, como disminuir el estrés o tener una mayor esperanza de vida.

Las emociones se transmiten

Al ser especies sociales, tanto perros como humanos estamos sujetos a la transmisión de emociones y eventualmente tendremos que confiar en los otros miembros de la manada, ya que en determinado momento tu vida dependerá de ellos o la suya de ti.

Si vemos una manada de herbívoros pastando (borregos, cabras o venados), sabemos que si uno huye todos le seguirán; pues aunque no hayan detectado al predador confían en quien lo detectó y probablemente si como presa me quedo a averiguarlo será muy tarde. Es igual con tu perro y tú; el perro desconoce muchas cosas del entorno, así que evaluará tu reacción ante el estímulo para percatarse de tu emoción y actuará en consecuencia, tal cual lo hizo en el primer ejercicio que hicimos con el espejo.

> **Las emociones constituyen una experiencia grupal y una herramienta evolutiva muy eficiente.**

Las emociones son mensajes que enviamos o recibimos de los seres que nos rodean, por lo tanto, para transmitirse requieren que un individuo funja como fuente *emisora* y otro como *receptora*. Las características de la fuente emisora de emociones son:

- Debe ser constante, *como una antena radiodifusora*.

- Debe tener toda una estructura que contribuya a emitir la señal. Por lo tanto, es importante practicar la conexión de tu mente (pensamientos) con tu corazón (sentimientos o emociones). Al tener ambos conectados, tu cuerpo actuará en consecuencia, como una potente antena emisora de emociones.

Las características del receptor de emociones consiste en que:

- Debe estar diseñado para percibir emociones (tanto perros como humanos podemos percibirlas con los ojos, nariz, piel y oídos).
- Debe ser capaz de analizar la emoción y actuar en consecuencia.
- Debe poseer memoria y deberá relacionar la emoción percibida con experiencias anteriores (el hecho de que alguien entre a tu oficina gritando: "¡Corran! ¡Corran!, está temblando", no te hará levantarte en automático, sólo te pondrá en alerta, ya que sabes que esta persona ha hecho esta broma anteriormente).
- Debe ser capaz de retransmitir la emoción recibida: si recibe serenidad, transmite serenidad; si recibe agresión, también transmitirá agresión.

Tanto los humanos como los caninos podemos ser emisores y receptores. Es importante saber quién ocupa cada papel y en qué momento es más apropiado que tu perro sea el emisor o el receptor. La raíz de la mayoría de los problemas emocionales en los perros, como la exaltación, la ansiedad, la hiperactividad, la fobia, entre otros, se encuentra en una mala o nula asimilación de esta emoción.

Interacción emocional

Como seres sociales, tanto humanos como perros, nos mantenemos siempre dentro de intercambios emocionales y es a través de estos hilos que tejemos nuestras relaciones sociales. Cuando una persona emite una emoción de manera coherente, es decir, sus pensamientos y sus sentimientos están enfocados en el mismo objetivo, su cuerpo actúa en consecuencia. Entonces tenemos una persona enojada que grita, con el ceño fruncido y agita los brazos.

Una vez que detectamos por medio de nuestros sentidos la emoción que se emite, iniciamos, a veces de manera inconsciente y otras consciente, un proceso racional para determinar si *compro* o no esta emoción. En este contexto, comprar hace referencia a actuar como fuente receptora de la emoción y replicarla; en este ejemplo, al replicar la emoción de una persona enojada, también yo empezaría a gritar, alzar los brazos, fruncir el ceño, etcétera.

> Todos los seres, incluso las plantas, nos mantenemos en emisión constante de emociones; la capacidad para identificarlas depende de las habilidades que posea cada individuo y es vital analizar de manera consciente si requiero o no comprar esta emoción y comportarme como la persona o el perro que tengo frente a mí.

Dentro de este intercambio comercial sólo hay dos opciones: o compras o vendes, no existen puntos intermedios. Si alguna persona o perro te está vendiendo *exaltación* y decides comprarle esa emoción, te conviertes en fuente receptora, lo cual te lleva, en cuestión de segundos o minutos, a actuar de igual manera y ambos elevarán el tono de voz, saltarán y agitarán los brazos. Si decides no comprar la emoción, entonces te mantendrás como fuente emisora con tus pensamientos y sentimientos enfocados en reflejar *serenidad*, lo que hará que tu cuerpo se mueva lentamente y tu boca no emita sonido alguno.

Como cualquier agente de ventas que busca lucir su producto, esperando con ello llamar la atención y cerrar la venta, expresarás por medio de todo tu ser esta emoción de manera intensa (cual anuncio publicitario), para incitar a tu perro o compañero de trabajo a comprar tu emoción y lograr que ambos actúen en consecuencia.

Esto quiere decir que tu perro ahora emitirá serenidad, y cuando percibas esta nueva emoción en él (ha dejado de saltar y ladrar, y se ha sentado a observarte), podrás decir que se ha cerrado la venta, y será en este momento cuando debas premiar a tu perro debido a que esta emoción te gusta.

Consolidación de mi antena emisora

En esta parte del libro experimentaremos el dominio de la mente sobre el cuerpo; para esto es importante que tomes en cuenta que los humanos consideramos nuestra mente para fines prácticos como pensamientos o ideas.

Ejercicio 3

La idea es experimentar cómo las emociones nos conducen a una conducta.

- Trae a tu mente la experiencia más chusca o graciosa de la que hayas sido partícipe: alguna broma a amigos o compañeros de trabajo, alguien que resbaló por accidente o alguien que confundió el baño de caballeros con el de damas. ¿Qué resultó?, ¿sonreíste, agitaste los brazos, te rascaste la cabeza, carcajeaste?
- En este momento ¿consideras que tu mente controla tu cuerpo?
- Ahora trae a tu mente el acto más indignante del que hayas sido testigo: golpes a un inocente o alguien obstruyendo una rampa para sillas de ruedas. Si esta hoja fuera un espejo, ¿qué verías

reflejado?, ¿a una persona con respiración fuerte, ceño fruncido, facciones rígidas, mirada fija, puños cerrados, tus dientes se han juntado como si masticaras algo?

Al poner una idea en tu mente lo que tu cuerpo hace es resonar la emoción implicada en ella y expresarla por medio del *lenguaje corporal* (no verbal), como movimientos de brazos, boca, cabeza, labios, cejas, etcétera, y también con el *lenguaje verbal*, es decir, las palabras o sonidos emitidos por tu boca.

El botón de encendido para tu antena transmisora es la idea que pones en tu mente, lo demás viene (como nos dimos cuenta) por añadidura y generalmente de manera inconsciente. Entonces, enfoquémonos en traer una idea a nuestra mente para accionar nuestra antena y poder transmitir una emoción.

La idea en la que pienses puede variar y dependerá de las circunstancias: estás subiendo a tu auto, al voltear hacia tu casa te percatas de que has dejado abierta la puerta de la calle y tu perro está a punto de cruzarla. Tu instinto te obliga a dirigir la atención a tu perro y dependerá de la transmisión adecuada del mensaje que en ese momento pongas en tu cabeza para saber si podrás contarlo o no.

De la idea que pongas en tu cabeza dependerá la vida de tu perro y muy probablemente tu integridad física o la de algún otro miembro de tu familia. Muchas veces pensamos que esto nunca nos pasará, pero, de la misma manera en que un paramédico se prepara para reaccionar en un momento de crisis y no romper en llanto ante una situación fortuita, te aconsejo que averigües qué idea debes poner en tu mente para garantizar la vida y la integridad de tu perro y la tuya.

Interacción
en la vida cotidiana

A continuación describiremos algunas situaciones de la vida cotidiana que comúnmente incomodan a algunos propietarios; detallaremos paso a paso el mensaje que le estamos transmitiendo a nuestro perro, lo que él está percibiendo y cómo podemos asegurarnos de que logramos generar un resultado diferente.

Por ejemplo, cuando recibes visitas en la sala de tu casa o en tu jardín el instinto natural del perro se centrará en curiosear al invitado y buscar su atención. Esta acción que para los amantes de los perros puede ser incluso deseable, para algunas personas que no gustan de la compañía canina resulta ser completamente indeseable e incluso invasiva. Para lograr que tu perro no se acerque a las personas, a menos que se lo pidan, vas a ignorar esta conducta hasta, y sólo hasta, que tu perro realice la conducta apropiada, y entonces, lo premiarás. Para ello realiza el siguiente ejercicio:

Consolidarte como una antena emisora de la emoción correcta (serenidad) en el momento correcto para que tu perro pueda replicar esta emoción.

- Siéntate en una silla del comedor de tu casa (si es que tu perro vive en el interior) o en el jardín (si éste es el espacio en el que tu perro se encuentra).

- Si tu perro no ha sido desensibilizado ante este estímulo, es muy probable que busque tu atención pegando su cabeza a tu cuerpo y después intente arañarte, trepar a tus piernas e incluso ladrarte.
- Lo que harás será no premiarlo, ya que no es una conducta deseable (a menos que yo le indique lo contrario), así que, si tu perro llega sin invitación vas a evitar tener contacto visual, verbal o físico con él, a pesar de que empiece a sacar sus mejores trucos para llamar tu atención. Ésta sólo la conseguirá cuando se siente o recueste, en ese preciso instante podrás entregarle el premio que elegiste para este ejercicio, una caricia, galleta o apapacho.

Concéntrate en emitir *serenidad*; concentra tu pensar y tu sentir, de estar forma, tu cuerpo actuará evitando los movimientos rápidos, los empujones o los gritos. Dale la oportunidad a tu perro de comprar tu emoción y replicarla, al principio intentará venderte la exaltación, ya que está acostumbrado a este intercambio. No puedes culparlo, hasta hoy habías sido inconscientemente un feliz comprador de exaltación, por lo tanto, intentará de manera física hacerte replicar esta emoción con empujones, ladridos e, incluso, rasguños.

Con estas acciones tu perro asocia que cuando tú te sientas no te gusta que esté encima de ti, pero sí te gusta que permanezca sentado a tu lado. Al incluir esta acción dentro de tu rutina diaria, tu perro irá disminuyendo el número de trucos para llamar tu atención y el tiempo destinado a cada uno de ellos. Los perros son capaces de memorizar las rutinas de los humanos y una vez que las dominan tienden a adelantarse. Por ejemplo, cuando tu perro sepa que si te sientas y él se sienta junto a ti recibe un premio, en cuanto él vea que te acercas a la silla se sentará y esperará a ser premiado.

De hecho, si quieres tener un excelente despertador puedes condicionar a tu perro y llevarlo a correr a las cinco de la mañana durante 21 días; a partir del día 22 tu perro estará a las cinco de la mañana junto a tu cama con una actitud de *ya, ya nos vamos*. Por fortuna pueden ser tan insistentes que seguro te van a parar de la cama; entonces, esta conducta te servirá para despertar siempre a la misma hora.

Pero, ¿en qué momento se pueden interrumpir estas conductas? Se interrumpen cuando hay un cambio hormonal y cuando las hembras están lactando, en ocasiones, disminuyen y muchas veces desaparecen. Durante los periodos de celo también cambian, y aún en los machos, porque ellos pueden detectar las feromonas de las hembras aunque no las vean físicamente. Los perros tienen en la base de la nariz el órgano *vomeronasal* que es una estructura especializada en la detección de feromonas; por eso, muchos propietarios de machos notarán que cuando la perrita del vecino está en periodo hormonal su perrito no come y está las 24 horas al pendiente de las actividades de la perrita. Todo el tiempo están esperanzados en que alguien les abra la puerta para poder ir con ella; entonces están con esta prioridad marcada por el estímulo olfativo, pero cuando éste desaparece el perro vuelve a tomar su vida normal. Esto es algo que por fortuna, para los propietarios de perros macho, sucede cada seis meses, por lo que es relativamente manejable.

En resumen, si tu perro ha repetido por más de 21 días una acción que te desagrada o no, ha desarrollado un hábito. Sean conductas que a ti como humano te agraden o no, es muy importante establecer una rutina porque los perros son animales rutinarios. Si acostumbras darle de comer a tu perro a las siete de la mañana de lunes a viernes, el sábado, aunque no tengas que pararte a las siete de la mañana, él pedirá comer a esa hora, son sus hábitos. Cuando cambie el horario en el verano no importará si tu perro antes comía a las siete, ahora comerá a las seis; gracias al proceso de adaptación con el devenir de los días él también ajustará su *reloj interno*.

Ahora realizaremos un ejercicio para que puedas controlar la siguiente situación: qué hacer cuando tu perro sale corriendo de la casa, porque si por azares del destino no transita ningún auto logrará cruzar la calle, pero ¿si pasa uno?

Ejercicio 5

Recrear una situación estresante para asegurarte de que a pesar de ello puedes seguir siendo una excelente antena emisora. El ejercicio se puede realizar en una puerta interna, puede ser el paso de la habitación al pasillo o de la cocina al jardín:

- Coloca tres o cuatro premios o un puño de croquetas en medio de la cocina o la recámara.

- Espera en el jardín o en el pasillo, y procura estar al menos a dos o tres metros, ya que a esa distancia y sin correa no tendrás el control de tu perro de manera física, todo dependerá del impacto de la emoción que le transmitas.
- La misión es que tu perro se quede quieto hasta que llegues a la puerta de la casa y puedas cerrarla asegurándote de que él se quede dentro de ella.

Debes tener muy presente que pueden darse varios resultados, todo dependerá de la emoción que le trasmitas a tu perro; por ejemplo, si gritas su nombre o corres hacia él, lo más probable es que él también corra hacia ti; esto se debe a que eres la antena emisora y pones en tu mente *correr*, tu cuerpo responde y el de tu perro también. Igualmente, si tu perro toma el papel de emisor y pone en su mente *corre*, su cuerpo responderá y el tuyo de la misma manera.

Si al ser emisor pones en tu mente la palabra *quieto*, tu cuerpo responderá en consecuencia y el de tu perro hará lo mismo. Entonces, pon tu mano en la misma posición y repite la orden, mantén en tu mente *quieto* mientras te acercas lentamente a la puerta. Bien, ahora acciona tu mente y empieza a emitir la señal; la fuerza de emisión depende de cada persona y cada perro requiere de diferente intensidad de emisión para responder. Debido a esto, se aconseja que este ejercicio se haga en una situación que no ponga en peligro la vida de nadie, y se pueda repetir hasta que averigües cuál es tu punto exacto.

Las consideraciones importantes para hacer este ejercicio son:

- Cuando tu perro intente cruzar el marco de la puerta detona tu emisión.
- Evita decir o pensar su nombre.
- Quedarte quieto es vital para salvarle la vida a tu perro.
- Acercarte lentamente te permitirá asegurarte de que puedes cruzar la calle sin riesgo.
- Nunca llames a tu perro en una situación que lo ponga en riesgo, espera a que él se acerque por sí solo.
- Repite el ejercicio en dos días.
- Si el primer día no lograste el objetivo, no te preocupes; ocúpate de intensificar tu emisión.
- Si tu perro se mantiene sin cruzar y logras llegar a la puerta sin que se mueva, apapáchalo y apapáchate porque has logrado emitir la señal de manera correcta y puedes evitar una tragedia.

Alimentación

Esta actividad es un ritual diario que cubre una necesidad fisiológica y también social, ya que permite refrendar las posiciones sociales dentro del grupo. Debemos tomar en cuenta algo muy importante: todos los perros una vez que se habitúan a un horario de alimentación, también tendrán un horario para defecar; saber manejar esta situación puede beneficiar nuestra rutina diaria y facilitarnos nuestras actividades cotidianas.

En el hábitat natural, el líder de la manada elige la presa, dirige el ataque y se alimenta primero; selecciona la porción de la presa que más le apetece mientras todos los demás, en señal de respeto, esperan a que él haya satisfecho su hambre, y sólo entonces pueden acceder a lo que queda de comida. Afortunadamente, en casa no perseguimos a nadie y no tenemos que comer las croquetas antes que nuestro perro, pero sí es importante aprovechar este ritual para asentar y cultivar respeto, el cual constituye un pilar muy importante en las relaciones entre perros y humanos.

Muchos perros desde que perciben que te acercas al plato o a la bolsa del alimento, empiezan a exaltarse: vocalizan, jadean o saltan hacia ti o hacia el lugar donde se almacena su comida, en algunos casos arañan las piernas o nos hacen regar el alimento por los estrepitosos saltos que nos toman por sorpresa.

La mayoría de las veces estos comportamientos fueron fomentados por el dueño del perro, ya que mientras se encontraba exaltado, vocalizando o arañando sus piernas recibió el alimento, y entonces el perro asumió que al ladrar, saltar o arañar podría recibir comida. Por lo tanto, cuando él tenga hambre recurrirá a estas acciones, pues en repetidas ocasiones le han dado resultado. Es probable que desde tu perspectiva humana hayas pensado que estaba bien darle de comer rápido, evitando que ladrara e incomodara a los vecinos; sin embargo, lo que tu perro está entendiendo es que entre más alto ladre o salte, más rápido lo alimentarás; ya que justo en el momento en que lo hace lo estás premiando con el plato lleno de croquetas. (Esto responde al precepto: *me gusta, lo premio*.)

En estas condiciones parece imposible lograr alimentar a nuestra mascota sin emitir ningún ruido, pero no es así. Lo cierto es que, parafraseando a Hermann Hesse, para lograr lo que hoy se cree imposible debemos comenzar por hacer lo necesario, después lo que es posible y muy pronto estaremos haciendo lo que creíamos imposible.

En este caso lo necesario es que tu perro aprenda que mientras esté exaltado no recibirá comida. Lo posible es emitir serenidad y tranquilidad realizando movimientos suaves y pausados, pues esto es lo que tu quieres que tu perro realice. Paso a paso vamos a enseñarle esta conducta.

Ejercicio 6

Hacerle entender a tu perro que cuando es capaz de manifestar serenidad y control sobre sus impulsos cosas buenas, como la comida, pasan.

- Aproxímate a la bolsa de alimento, si percibes que tu perro se exalta, regresa a lo que estabas haciendo antes.
- Colócate a un metro o metro y medio de la bolsa de alimento con el plato del perro en tus manos.
- Permanece tranquilo a pesar de que éste salte o ladre; no dirijas tu vista hacia él, ya que si percibe

que al ladrar capta tu atención, lo hará cada vez que la quiera, sin importar la hora.

- Evita los gritos, es muy probable que así estimules el estado de exaltación del perro.

Si deseas que tu perro permanezca quieto, empieza por permanecer quieto tú primero. Es decir, evita mover los brazos y ante todo acariciarlo mientras está saltando o ladrando; pues, aunque tu mensaje lleva la intención de tranquilizarlo, él está percibiendo que te gusta tanto esa acción y es por eso que lo acaricias o le proporcionas alimento.

En este ejercicio debes recordar lo practicado anteriormente, como cuando lograste que se sentara con una señal y cuando elegiste los lugares de la casa para que satisficiera sus necesidades. Recuerda que si quieres que tu perro haga del baño en la zotehuela, debe ser alimentado en la esquina físicamente contraria más próxima a donde tú has elegido que debe hacer del baño. En este caso, todo empieza desde que te aproximas al lugar donde almacenas sus croquetas.

- Realiza la señal de sentado, mantente tranquilo y sereno con la vista al horizonte.
- Una vez que tu perro se haya sentado, da un paso al frente; si en ese momento tu perro se exalta, regresa un paso y espera a que vuelva a sentarse.
- Cuando se siente, vuelve al frente, y si tu perro sigue sentado, da un segundo paso; si se exalta de nuevo, vuelve atrás.

- Si tu perro permanece sentado, sigue al frente y toca con tu mano la bolsa o el bote del alimento; si aún sigue tranquilo, abre el contenedor.
- Vierte las croquetas en el plato; ten cuidado, ya que éste sonido es altamente estimulante para él y es probable que detone su exaltación.
- Acerca el plato a tu abdomen y, manteniendo la espalda recta, pídele que se siente.
- Una vez que se siente, comienza a alejar ligeramente el plato de tu abdomen y acércalo al perro.

- Si demuestra exaltación, jadeo, saltitos o vocalizaciones, vuelve a acercar el plato a ti. En cuanto se tranquilice y permanezca sentado vuelve a acercar el plato al piso en dirección al perro. Es muy probable que en esta ocasión llegues un poco más abajo.
- Si vuelve a exaltarse, acerca nuevamente el plato hacia tu cuerpo. Mientras tu perro permanezca sentado, sin jadeos ni vocalizaciones, paulatinamente tú deberás ir acercando el plato al piso, o retrayéndolo cuando se levante o muestre alguna señal de exaltación.

- El reto es que el plato toque el piso y tu perro permanezca sentado y tranquilo durante el trayecto del plato.
- Si al tocar el piso tu perro busca abalanzarse sobre el plato, retíralo nuevamente unos centímetros. Esto obligará a tu perro a sentarse nuevamente, y una vez que lo haga vuelve a colocar el plato en el piso; espera unos cinco o seis segundos, y si tu perro permanece sentado, entonces pídele que coma con una orden, puede ser una palabra o una señal. De preferencia utiliza ambas en un inicio, posteriormente él lo entenderá con cualquiera de las dos.

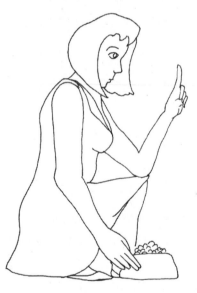

Recuerda que debes emitir serenidad y una vez que tu perro logra replicar esta emoción le premiaras, en este caso, con el acceso a la comida.

Sugiero que este ejercicio se comience en viernes por la tarde, ya que al perro le tomará de dos a tres días familiarizarse con la nueva rutina y te demandará más tiempo para alimentarlo. Es muy importante que estés consciente de que, si este ejercicio se realiza de prisa, es muy probable que no logres transmitir el mensaje apropiadamente, por lo cual no observarás cambio alguno.

En el pasado tu perro aprendió, por equivocación y porque así lo acostumbraste, que estar exaltado era un estado que a ti te gustaba, pues en el momento en que se ponía así lo premiabas. Ahora tu perro empezará un proceso de reaprendizaje; él se dará cuenta de que cuando está exaltado no sucede nada agradable para él. Asumimos entonces que el perro pensará: "Ponerme así no me lleva a nada", y se dará cuenta de que si se tranquiliza y se sienta logrará alimentarse. Aunque tal vez al principio sea desconcertante y podrá pensar: "Antes le gustaba que saltara, ahora ya no"; tu perro es tan hábil que puede descubrir lo que te gusta en todo momento.

Es importante que tu perro se dé cuenta de que permanecer tranquilo también trae cosas buenas a su vida, por ejemplo, la comida. Al fomentar estas conductas motivaremos su estado de relajación; te sugiero reforzar este estado frecuentemente: cuando tu perro esté tranquilo y relajado (sólo asegúrate de que está despierto, por favor) acarícialo o dale una galleta para perro. Con el tiempo tu perro se alejará de los estados de exaltación, pues no lo llevarán a nada y pasará más tiempo relajado, porque eso *¡implica una recompensa!*

Recuerda realizar esta rutina correctamente, *sin gritos ni golpes*, durante 21 días, esto te llevará a no volver a recibir arañazos en las piernas y permitirá que tus vecinos no perciban que estás alimentando a tu perro. Si hay alguien además de ti que provea de alimento a tu perro, deberás instruirle para que realice la misma rutina, de lo contrario, echará abajo los avances logrados.

Paseo

El paseo es una actividad imprescindible para los perros y constituye una rutina que se ha practicado de manera conjunta desde tiempos ancestrales. El jefe de la manada dirige esta actividad por ser el individuo con mayor habilidad y experiencia; es él quien sabe cuáles son los límites del territorio, domina las rutas y, en caso necesario, protegerá a los demás miembros ante cualquier situación que él considere un peligro, de la misma manera que lo haría mamá o papá humanos al guiar a un niño en el parque. Esta labor implica una gran carga de responsabilidad, ya que un error puede costar la integridad de un miembro o de toda la manada.

Esta actividad brinda enormes beneficios físicos, fisiológicos y emocionales tanto a los humanos como a sus perros, y es una ventana de oportunidades para vivir experiencias que pueden generar aprendizajes y mejorar la relación con tu perro y la de él con otros perros, niños, patinetas, gatos, ardillas, autos y todo que pueda encontrarse en su ruta de paseo.

Para pasear a un perro requiero de:

- Collar, que no pueda zafarse si tu perro tiene algún movimiento repentino.
- Placa de identificación, ésta es una medida de seguridad que en algunas ciudades es obligatoria, además del uso de un *chip*.
- Correa, en muchas ciudades es un requisito y no llevarla puede implicar sanciones por incumplimiento del reglamento de la localidad.
- Bolsas para heces, el paseo estimula el peristaltismo (movimiento natural del intestino) y es muy probable que tu perro, a pesar de que haya hecho en casa, requiera repetir la acción.

A lo largo de la historia se han diseñado diversos aditamentos para el paseo basados en los *puntos de control físico*. Éstos son empleados para establecer, como su nombre lo indica, control sobre los individuos; con una ligera presión en el punto indicado puedo impactar en toda su actividad. Para los perros el cuello es un punto físico importante y hoy día tenemos una amplia gama de collares; por el contrario, para los humanos un punto de control son las articulaciones, una ligera presión sobre éstas y se generará un gran impacto. Esta relación es curiosa, ya que en un principio los collares fueron diseñados para ejercer control sobre el perro, sin embargo, en la actualidad, es común que por medio de las correas el perro ejerza control sobre el humano, quien termina con la piel enrojecida, los dedos amoratados o las articulaciones inflamadas.

Para un perro que ya tiene asociado que cuando tomas la correa lo vas a llevar al parque, este hecho lo pone en un estado de exaltación; tal vez desde que dices la palabra *calle* comience a exaltarse. Si tomas la correa, el perro seguirá aumentando su emoción, y cuando intentes ponerla deberás practicar los mejores y más rápidos movimientos porque está saltando, ladrando, se acuesta y se para. Entonces, cuando logras *casi milagrosamente* enganchar la correa al collar, el perro ya está exaltadísimo; recién te acercas a la puerta y ya está enfrente de ésta rascando y tratando de meter la nariz para poder abrirla él mismo. En el momento en que la abres, tu perro ya está en la esquina, incluso ya no pudiste ni siquiera cerrar la puerta de la casa porque él ya se abalanzó sobre el primer transeúnte, que para su infortunio detesta a los perros. Esta escena no resulta simpática para ti, y demuestra que el perro fue en todo momento el emisor, mientras que tú fuiste el receptor, es decir, te encargaste de poner en tu mente la misma idea que tu perro te transmitió muy eficientemente: "¡Apresúrate!, ¡rápido, más rápido!"

Recordemos que cuando se mencionó la palabra *calle*, el perro se empezó a exaltar y accionó todo su cuerpo: saltos, vocalizaciones, etcétera. Después, al tomar la correa, seguramente estabas apurado porque tu vecina se molesta al oír los ladridos, sin percatarte de que en este momento le estabas enseñando a tu perro que su estado de exaltación te gustaba y por eso lo estabas premiando, ya que a pesar de decirle: "Chiquito, tranquilízate", lo estabas acariciando y él sabe que las caricias son como los lengüetazos de mamá canina y son la señal de que su conducta es aprobada.

El perro ha aprendido que te gusta su estado de exaltación, debido a todo lo que recibió mientras estaba así: se le puso la correa, se abrió la puerta, etcétera. De esta forma, le estás mostrando que es bueno para ti y él interpreta que así es como se consiguen las cosas en la casa, aunque esto represente un verdadero dolor de cabeza para sus propietarios. Tú quisieras responder tan rápido como tu perro emite la señal para salir, pero tienes una gran desventaja: tus dos puntos de apoyo humano (los pies) frente a las cuatro patas o puntos de apoyo de los perros.

Entonces, si lo que quieres es hacer que el perro no se exalte, ni vocalice ni baje las escaleras del edificio gritándole a todos que ya se va de paseo, tienes que empezar a controlar su exaltación desde antes. Debes ser un emisor de tranquilidad y serenidad, ya que esto es lo que quieres que el perro manifieste; por lo tanto, debes empezar a pensar en la tranquilidad que quieres darle y muy pronto se la transmitirás a tu perro, y él actuará en consecuencia. Recordemos que el mensaje lo transmites no sólo con las palabras, sino con todo tu ser. Aquí es muy importante aclarar que los movimientos rápidos de brazos o pies, y los gritos demuestran un estado de exaltación; si quieres transmitirle a tu perro tranquilidad, debes permanecer en silencio y realizar movimientos suaves.

Toma en cuenta el siguiente ejercicio a la hora de salir de paseo con tu perro.

Ejercicio 7

Ser capaz de ejercer control sobre el estado de exaltación de tu perro y que él sea recompensado por ello.

- Si detectas que para tu perro la palabra *paseo*, *vámonos* o *calle* es un detonante, evita pronunciarla. Él obviará la acción cuando tomes la correa.
- Al tomar la correa mantén tu espalda recta con los hombros hacia atrás, pega la correa a tu torso y empieza a emitir en tu mente la palabra: "¡Quieto!"
- Pídele al perro que se siente usando sólo la señal. Recuerda que debes seguir emitiendo serenidad, si tienes en tu mente la idea de: "¡Ash, te estás moviendo!", eso es lo que hará. Emite la orden y toma en cuenta que tu voz debe ser acorde con la

emoción emitida. Puedes decir: "¡Quieto!", pero con la idea de: "¡Este perro nunca se está quieto!", y por lo tanto, nunca lo estará. Esto ocurre porque la emoción que transmites no es concordante con lo que le ordenas.

- Cuando se siente, acércale despacio la correa a su cuello. Si percibes que se exalta, lleva nuevamente la correa a tu pecho y enderézate. Permanece en esta posición unos tres segundos y reafirma tu idea.
- Si observas que el perro se ha vuelto a sentar, acerca otra vez la correa a su cuello. En caso contrario, pídele que se siente e inicia la aproximación de la correa.
- La acción-reacción en este ejercicio es: *estás tranquilo y me gusta que estés tranquilo; entonces, te premio con la correa. Si estás exaltado, no me gusta e ignoro cualquier llamado de atención: saltos, ladridos, etcétera.*
- Si el perro permanece sentado, mientras voy acercando lentamente la correa, puedo entonces colocar el gancho al collar.
- Aconsejo que este ejercicio lo realices junto a la puerta para poder pasar de inmediato a la siguiente etapa.

Recuerda que siempre transmites tus emociones, por ejemplo, si estás exaltado y le gritas a tu perro, seguramente él responderá de la misma manera. Cuando le pidas que se siente evita verlo al rostro, de lo contrario, es muy probable que te conviertas en el receptor de sus emociones; de preferencia, después de dar la orden dirige tu vista a la cadera y espera unos 20 segundos sin emitir ningún movimiento o sonido, si no se ha sentado, repite la orden y vuelve a esperar. Convertirte en su fuente emisora de serenidad, y mantenerla constante hasta que perciba esta emoción y te la devuelva, es muy importante en este ejercicio. Aconsejo trabajarlo en silencio, porque entonces será más fácil darte cuenta si estás siendo el detonante de su ansiedad al repetir y repetir: "¡Ya espérate!, ¡estáte quieto!, ¡no saltes!, ¡a ver, ya nos vamos!, ¡por favor, estáte quieto!"

Ejercicio 8

Ser capaz de que tu perro espere a ser invitado a cruzar la puerta de casa controlando su curiosidad y ansiedad por salir estrepitosamente.

- Colócate frente a la puerta con los pies juntos y coloca tu mano en la chapa.
- Es muy probable que tu perro intente interponerse entre tu cuerpo y la puerta; cuando esto suceda bloquea su contacto con la puerta con tu pie izquierdo o derecho (según el lado por el cual se aproxime). Después vuelve a juntar tus piernas y si tu perro intenta acercarse por el otro lado, bloquea con tu pierna contraria.
- Es importante que empieces a emitir tranquilidad y lo único que desplaces sean tus piernas, las

cuales, una vez que hayan bloqueado el contacto de la nariz de tu perro con la puerta, deben volver a su lugar.

Advertencia: bloquea sólo con las piernas; jalar el collar o la correa y tocar a tu perro invalida el mensaje que deseamos transmitir.

- Una vez que tu perro deje de intentar aproximarse a la puerta, tócala y bloquea a tu perro con la pierna izquierda o derecha. Para este momento ya serás un *experto bloqueador de narices*.
- Si después de bloquearlo intenta desesperadamente acercarse a la puerta, realiza un bloqueo con desplazamiento.

- Al bloquear la nariz del perro coloca tu pierna cerca de su torso y mantén tu pie en punta para que al asentar tu talón la pantorrilla desplace al perro hacia atrás (la parte de tu cuerpo que desplazará a tu perro dependerá de la altura de éste).
- Posterior al bloqueo con desplazamiento, espera de tres a cinco segundos (asegúrate de tener en la mente la idea correcta: "¡Lo estoy logrando!") y comienza a abrir la puerta, pero no rebases los cinco centímetros; lo más probable es que tu perro intente escabullirse, así que ten preparado el bloqueo con desplazamiento.
- Si tu perro permanece quieto, continúa abriendo la puerta hasta unos 10 centímetros. Si se exalta, ciérrala estrepitosamente. Si permanece quieto, continúa abriendo la puerta hasta que puedas dar un paso al frente y colocarte justo debajo del marco (antes de dar este paso desplaza a tu perro hacia atrás), permanece ahí con los pies juntos. Es importante tener los pies juntos, de esta manera puedes asegurarte de que tu perro tiene la convicción de no salir si mantienes el bloqueo con tu pie. Seguramente tu perro no saldrá debido a la barrera física impuesta, lo cual no implica que se haya generado un aprendizaje.
- Si tu perro intenta salir de casa, bloquea y desplaza hacia atrás, ya sea con la pierna izquierda o derecha, asegurándote de que tu perro se desplace hacia atrás el equivalente a dos pasos cortos tuyos. Junta las piernas nuevamente, recuerda

cuidar la idea que estás emitiendo, mantén tu espalda recta y la vista hacia afuera de casa.

- Cuando tu perro haya regresado por el bloqueo, o mejor aún, si no intentó salir, espera tres segundos y da un paso afuera. Si tu perro se quedó dentro de casa, felicidades, ¡lo has logrado!; ahora puedes invitarle a salir haciéndole una seña: puede ser que la hagas con tu mano o tan sólo inclina tu cabeza. Ahora sí, dirige la vista a su rostro, pero cuida que la idea en tu mente sea: "¡Bien hecho, te invito a salir de casa!"

Si el ejercicio fue bien realizado, notarás que tu perro sale con velocidad moderada, la cabeza ligeramente hacia abajo y moviendo suavemente la colita. Si sale corriendo, es vital volver a empezar; recuerda que no desde el primer día que acudiste a la escuela saliste haciendo raíces cuadradas, por lo cual necesitamos repetir el ejercicio hasta formar un hábito. Entre más veces salga estrepitosamente, más se arraigará este mal hábito, pues la oportunidad de cortar esta raíz radica en la disposición a repetir el ejercicio hasta conseguir su objetivo: *¡tu perro saldrá de casa sólo hasta que tú lo invites!*

El hecho de convertirlo en tu invitado cambiará muchos comportamientos en él casi de manera automática, como cuando cambia tu conducta al llegar a la casa de alguien más. En tu casa te desplazas libremente: botas tus zapatos o bolsas donde te place y abres el refrigerador ingiriendo lo que apeteces; pero, si hoy te invitara a mi casa, seguramente te comportarías de manera diferente: entrarías más despacio y permanecerías a la expectativa de lo que se puede o no hacer, pedirías permiso para realizar cosas que en tu casa harías siguiendo tu propio impulso: ir al baño, preparar café, servirte agua, entre otros. En el caso del paseo, tu perro será tu invitado y él estará a la expectativa de cosas que antes realizaba obedeciendo a sus impulsos, como abalanzarse a los pájaros, los niños, otros perros, etcétera.

Aprovecha cuando esté a la expectativa, pues estará abierto a nuevos aprendizajes y enséñale que pasean juntos, no tú tras de él, con función de contrapeso. Para esto, la correa debe constituir una extensión de tu brazo y el collar, de tu mano. Piensa en cómo tomarías de la mano a un niño pequeño al pasear por la calle y al encontrar una coladera destapada lo tomarías firmemente y lo jalarías hacia ti para juntos librar el peligro por algún costado; también, por ejemplo, al pasear con un niño pequeño varías el nivel de presión que ejerces dependiendo del caso: no será la misma en situaciones peligrosas, como al cruzar una calle donde ejercerás más presión (sin lastimar su mano), que si estás en medio de un parque donde es poco probable que corra algún peligro.

Ahora vamos a identificar cómo se transmite ese mensaje. En tu antena emisora debes tener esta idea: "Él es mi invitado a pasear y está conociendo cuáles son las reglas de mi casa", y, en este caso, tu casa constituye todo el territorio que vas a recorrer con él. ¿Qué harías si llega un invitado a tu casa y empieza a recorrerla presurosamente abriendo todos los cajones, primero en la sala, después en la cocina y ahora va en dirección a la recámara? Esa actitud es la equivalente a la de tu perro cuando sale husmeando a toda velocidad por la calle.

En la mayoría de los casos esta conducta será realmente inapropiada y provocaría que la visita fuera indeseable y quizá la correrías de tu casa. En el caso de la relación con tu perro equivaldría a terminar con el paseo. Aunque, si tu paciencia de buen anfitrión lo permite, dado que tu invitado proviene de tierras lejanas donde quién sabe qué costumbres tengan, lo llevarías a la sala de manera amable y le explicarías cuáles son las costumbres y las normas a seguir.

Identificar el momento en que puedes pasear a tu perro sin tensión y continuar un paseo agradable.

- A la hora del paseo, cuando percibas que tu perro incrementa la velocidad al caminar, cambia de dirección. Si no detienes esta conducta, tu mano y tus dedos, si es que la correa está enredada en tu muñeca, empezarán a sentir presión, después enrojecerán, y, si agregamos la fricción que genera, podrán aparecer algunas ámpulas. Eso mismo sucederá con el collar y el cuello de tu perro, sólo que además del enrojecimiento en el cuello, también lo podrás percibir en sus ojos y en que comenzará a jadear intensamente.
- Esto último lo evitarás tomando la correa de la manera correcta y buscando que ésta tenga materiales amables en el asa, como telas, gomas o piel.

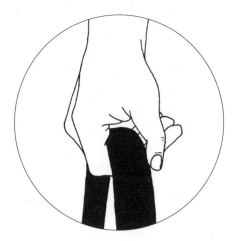

- Cuando cambies abruptamente de dirección debes considerar la dirección del giro: si tu correa la sostienes con la mano izquierda, tu giro debe ser por la derecha y viceversa. Esto te colocará siempre en una posición preferente, evitará que tengas que cambiar la correa de mano y, lo más importante, que te enredes.

- Cuando logres cambiar abruptamente de dirección y tu perro empiece a seguirte notarás que se forma una curvatura en la correa y que ya no hay presión en tus dedos ni en el cuello de tu perro. En ese momento ¡habrás encontrado tu posición de paseo ideal!, entonces irás con tu brazo relajado, sin presión y podrás estar seguro de que tu perro irá de igual manera. Si tu brazo está relajado, su cuello también lo estará.
- Siempre mantente atento a la curvatura de la correa, en el momento en que percibas que se está

convirtiendo en una línea recta cambia de dirección; es decir, si te diriges al sur, gira 360 grados y avanza ahora hacia el norte. Mantén siempre en tu mente la idea de que tu invitado (tu perro) está conociendo las costumbres de la zona y que le ofreciste tu casa (tu ruta de paseo) para ello.

- Realiza este ejercicio cuantas veces sea necesario; quizá la primera cuadra te tome más tiempo del habitual debido a los múltiples giros que tendrás que hacer, pero verás que al llegar a la siguiente el tiempo invertido habrá valido la pena.
- Puedes realizar este ejercicio en la cochera o en el jardín de tu casa. En el caso de niños, adolescentes o personas extremadamente penosas recomiendo que empiecen a practicarlo en casa.

Es muy importante que se mantenga la idea correcta en la mente de quien está paseando al perro y la atención en la correa, sin emitir ninguna orden o sonido. Se debe cambiar de dirección y permanecer en este sentido mientras la curvatura de la correa se mantenga; también se debe seguir un paso moderado y constante sin acelerarlo.

- Una vez que tu perro ha aprendido a seguirte, no importa si corres o caminas, él estará a tu lado. Sin embargo, al principio, acelerar el paso para ganarle detonará una competencia para identificar quién es el más rápido.
- Una vez que puedas completar una cuadra sin cambiar de dirección, cambia tu idea a: "Lo logré, ahora paseamos juntos, no yo a él o él a mí". Esto

les permitirá a ambos disfrutar del paseo convirtiéndolo en una experiencia grata, enriqueciendo la relación y estrechando los vínculos afectivos, tal como si fuera la visita de un gran amigo a casa.

Cuando ha transcurrido una hora agradable en convivencia, ambos estarán dispuestos a que sean dos horas o más.

Hay quienes afirman que en el paseo se debe tener la correa corta y no soltarla mucho, justo para mantener al perro a nuestro lado con la correa. Como lo he mencionado antes, las barreras físicas o de contención no generan un aprendizaje, y seguramente si lo mantienes así junto a ti, ahorcándolo o reteniéndolo todo el tiempo, en el momento en el que lo sueltes y no sienta la tensión saldrá corriendo. Seguramente tú harías lo mismo.

Ésa es la diferencia entre hacer un liderazgo por convicción y uno por imposición: cuando lo haces por convicción le demuestras a tu perro que está seguro bajo tu mando y que por eso le conviene estar en tu equipo; a diferencia de si lo haces por imposición, jalarle la correa todo el tiempo y tenerlo pegado al cuerpo no resultará agradable para ti ni para él. Será muy gracioso para todos los vecinos, pero no habrá aprendizaje y todo el tiempo tendrás que hacer tensión en tu brazo y después de cuatro o cinco cuadras, si no tienes una gran condición física, obviamente las articulaciones y los brazos empezarán a dolerte y, eventualmente, empezarás a soltarlo porque físicamente tu músculo ya no es capaz de mantener la tensión. Así que por estrategia sólo haz tensión para corregir (máximo dos segundos) y vuelve a liberar. *La clave del paseo es la relajación.* Si partimos de la relajación, tu brazo y tu mente estarán listos para reaccionar ante cualquier estímulo, permitiéndole a tu perro que *vaya y venga*, y no estarás todo el tiempo peleándote con él.

Si logramos que el perro te siga en la primera cuadra, es casi seguro que en la segunda, en lugar de hacer cuatro o seis cambios, sean dos, y a lo mejor en la tercera cuadra sea uno. Este aprendizaje es paulatino. Tu perro puede ir delante de ti, pero sin jalarte, y seguramente después de este ejercicio podrás ser capaz de pasear, ya sea un Chihuahua, un Mastín o un Dogo de Burdeos con un solo dedo en la correa. Es importante entender que éste es un método de sujeción que te servirá para prevenir accidentes, no un método de control como tal; si lo entendemos, podremos ir con el perro a los lugares en donde es permitido estar sin correa y nuestro perro podrá seguirnos, ¡ya que así lo desea!

Otra cosa muy importante que debemos hacer es *repetir el ejercicio que hicimos al salir y al regresar a casa*; por ningún motivo sueltes a tu perro y permitas que él llegue por sí solo hasta la puerta de casa. Es fundamental que así como tú lo invitaste a pasear, también lo invites a entrar a tu casa, con todas las implicaciones antes mencionadas.

Que tu perro espere en el pasillo o banqueta a que se le invite a pasar a casa.

- Colócate en medio de la puerta con tus pies juntos y trae a tu mente la idea: "Yo entro primero y te invito a mi casa", si es necesario, comienza el bloqueo de nariz. Recuerda siempre regresar y juntar los pies.
- Cuando no intente acercarse comienza a girar la perilla de la puerta.
- Si permanece tranquilo, comienza a abrir la puerta. Debes estar listo para realizar el bloqueo con desplazamiento en caso necesario.
- Una vez que la puerta esté completamente abierta, el primero que debe ingresar a la casa eres tú.
- Una vez adentro, debes cerciorarte de que tu perro no intente entrar durante unos cinco segundos.
- Cuando logres estar dentro y tu perro haya permanecido en espera, puedes llamarle o hacer una señal para que entre (normalmente una sonrisa bastará).

Los perros no sudan

Como los perros no tienen glándulas sudoríparas en la piel, como los humanos, eso hace que puedan correr todo el día y jamás los veas bañados en sudor como te pasaría a ti. Ellos tienen glándulas sudoríparas en los cojinetes de sus patas y en la parte dorsal de su nariz.

> **Los perros ven mejor de noche**
>
> Un perro ve mucho mejor de noche que un humano, debido a una estructura llamada *tepetum lucidum*, que es la parte brillosa de sus ojos, la cual se ve cuando le tomas una foto. Esa estructura refracta la luz, entonces les permite tener una mejor visión en la oscuridad, pues capta mayor luz optimizando la visión.

Situaciones predatorias durante el paseo

Los caninos como cazadores natos ven presas en casi todas las cosas que se mueven; por lo tanto, así como le indicarías a tu invitado que no puede usar ese cepillo de dientes porque te pertenece, pero si lo desea puedes asignarle uno, a tu perro también podrás decirle que hay presas que no le pertenecen, como niños, gatos, ardillas, corredores o ciclistas, pero puedes asignarle unas (pelotas, juguetes de goma o tela, según el tamaño y resistencia). Cuando tu perro perciba una patineta, una ardilla o algo que se mueva, es muy importante que evalúes su reacción.

Las orejas y la cola arriba indican que tu perro está alerta. Esta reacción es de lo más natural y no requiere corrección, lo más probable es que la ardilla o la motocicleta pasen y tu perro ni siquiera se mueva.

Si tu perro permanece en alerta y ves que inclina el torso al frente o ladra, necesitarás distraer su atención lo más rápido posible. Esto evitará que salga disparado, actúa como lo harías cuando llevas a un niño de la mano y percibes peligro, *¡ése es el momento de reaccionar!*

Cuando se te presente esta situación trae a tu mente la idea de: "¡Quieto!" e inconscientemente empezarás a emitirla. Entonces *gira* hacia el lado opuesto y continúa tu camino; es probable que tu perro se resista, pero deberás ignorarlo y seguir por lo menos media cuadra y posteriormente retomar tu ruta. Cuando retomes el camino y tu perro se aproxime al lugar donde percibió el estímulo jala la correa hacia ti, y una vez que tengas a tu perro cerca de tus piernas evita a toda costa hacer tensión. Es vital que tu perro asocie que mientras permanece a tu lado no hay tensión sobre su cuello; desde luego que preferirá siempre estar en el lugar que le genera más placer. Corrige haciendo presión por un segundo y soltando si percibes que tu perro ladra o intenta abalanzarse hacia otro perro u objeto.

El siguiente ejercicio te ayudará a lograr esta prueba:

Ejercicio 11

Que tu perro logre habituarse a estímulos que le detonan exaltación y pueda paulatinamente controlar sus emociones.

- Quédate quieto y mantén la idea en tu mente de "Aquí nos quedamos".
- Colócate aproximadamente a dos metros del objeto o lugar que emociona a tu perro (un bote de basura, otro perro o una taquería).
- Colócate con las piernas separadas de manera que puedas tener un buen apoyo. Considera que

mientras lo hagas, lo más seguro es que el perro ya esté jalándote hacia el objeto o lugar.

- Cuando logres un buen apoyo pon la idea en tu mente de "Aquí nos quedamos" y hazle retroceder ejerciendo presión sobre el collar.
- Una vez que tu perro llegue a la altura de tus piernas libera inmediatamente la presión del cuello bajando tus manos a su posición natural.

- Es casi seguro que debas repetir el ejercicio varias veces, ya que estás frente a un estímulo muy importante. Tómate el tiempo necesario sin dar un paso al frente o atrás, sólo muévelo y contrólalo con tus brazos, y en silencio hasta que se quede quieto y a tu lado por ocho o diez segundos, y no intentes ir al frente.
- Cuando lo logre bríndale una caricia o un premio.

Una vez que has logrado este primer paso, afrontemos un reto mayor:

- Dando un paso al frente repite el ejercicio, verás que esta vez será más fácil, así que cuando lo logres a esta distancia, den otro paso más y tu perro responderá cada vez más rápido.
- Si tu perro logra que fijes tu vista en el objetivo, te has convertido en receptor.
- Para retomar la posición de emisor instala nuevamente la idea en tu mente y fija la vista en tu perro.
- Cuando se trate de un objeto, persona o perro en movimiento también puedes empezar a caminar siguiendo una trayectoria en *S* hacia el objetivo y en el momento en que tu perro detone en ladrido o intente abalanzarse realiza dos movimientos de corrección seguidos mientras cambias abruptamente de dirección en sentido contrario a donde se encuentra el perro.
- Aléjate unos 4 o 5 metros y vuelve en dirección al objetivo. Recuerda caminar siguiendo la trayectoria

en *S* y busca adelantarte a la acción de tu perro en cuanto percibas que está por detonar; por último, corrige y aléjate.

- Es importante realizar este ejercicio por lo menos entre 6 y 8 veces al día; paulatinamente notarás que puedes acercarte más al objetivo y que tu perro conserva la calma. Evita gritar y emite tranquilidad; si eres el primero en exaltarte al ver otro perro o gato, lo que recibirás de tu perro será una doble exaltación con las correspondientes consecuencias multiplicadas.
- Recuerda realizar este ejercicio de manera consecutiva durante 21 días para crear un hábito y tu perro aprenderá a ignorar estos estímulos.

Ahora enfrentemos otro reto para ti y tu invitado curioso: ¿qué harías si se aproxima al cajón de tu ropa íntima?, ¿estarías dispuesto a mostrarla? Esta misma situación se presenta cuando vas paseando con tu perro y se aproximan a una casa donde sabes que habrá perros ladrando del otro lado de la reja, ¿estarás dispuesto a mostrar su brillante actuación?

Si contestaste que *no*, realiza el siguiente ejercicio:

Ejercicio 12

Desensibilizar a tu perro ante el estímulo inducido por factores externos (actividad de perros vecinos) logrando mantener el control del paseo.

- Sienta a tu perro a metro y medio de la casa antes de pasar por ahí. Una vez sentado trae a tu mente la idea: "Ignóralo". Con esta idea en mente y la vista dirigida a tu perro, camina dos pasos, si notas que hay exaltación regresa al punto en donde lo sentaste anteriormente y vuelve a intentarlo, pero si no hay exaltación, realiza nuevamente el *movimiento de corrección* al lado opuesto de la reja.
- Repite el *movimiento de corrección* un paso antes de entrar al área de la reja y cada que camines dos pasos; recuerda no emitir ruidos. Continúa tu andar con la espalda recta, la vista en tu perro y la idea en tu mente de: "Concéntrate en mí".

- Realiza este ejercicio tal cual durante ocho días y posteriormente sólo tendrás que hacer una corrección antes de entrar a la zona de la reja, otra en medio y una al finalizar la zona de exaltación.

Movimientos de corrección

Es importante realizar los movimientos de corrección en menos de dos segundos, esta acción evitará que intente tirar de la correa y capturará su atención enseguida. Recuerda que tu perro tiene todo su ser centrado en su objetivo; para muchos humanos eso sucede cuando ven televisión o están jugando algún videojuego: si alguien les habla en tono suave, es muy probable que no lo perciban, pero si los toman del hombro y los sacuden un poco, prestarán atención mucho más pronto.

El ejercicio consiste en retraer la correa de manera rápida con un movimiento en el que elevas tu brazo y nuevamente vuelves a colocarlo en la posición natural. Durante este movimiento realizarás presión sobre el cuello de tu perro, por lo que es importante que no exceda los dos segundos para no lastimarlo y no detonar en él la acción de tiro. Ésta se presenta después de que un perro percibe una presión de manera sostenida en el cuello y entonces tratará de zafarse buscando jalar a toda costa, de la misma manera que lo harías si un amigo te presiona la muñeca.

Consejos útiles

Dado que las correas largas exigen un movimiento más pronunciado de tu brazo, en los ejercicios que demandan el *movimiento de corrección* es aconsejable utilizar correas cortas (tipo maniquera), especialmente en perros de talla mediana o grande. En caso de tener una correa larga puedes hacerle nudos para acortar la distancia. Facilítate el trabajo y ajusta la correa de acuerdo con tu estatura.

Recuerda conseguir una con un asa confortable. El movimiento de corrección debe ser realizado sólo con la fuerza del antebrazo y la mano, de ninguna manera deberás ejercer presión sobre la articulación del hombro, ya que esto resultará infructuosamente agotador.

Señales de alerta

Los humanos nos damos la mano y decimos: "Buenos días; buenas tardes; mi nombre es Fulanita; me dedico a tal cosa". Nunca nos aventamos a besos a alguien que no conocemos sin al menos saludar, pues, por mucho que pueda resultar una idea atractiva, nuestra pauta de comportamiento indica que no es apropiado. Por el contrario, la conducta natural y apropiada para conocerse entre los perros es oler su área genital, así identificarán si es macho o hembra, cuál es su edad y su estado reproductivo, entre otras cosas.

Hay que prestarles atención a los perros que son demasiado impositivos, que se acercan siempre con la cola y orejas arriba, y que van directo a jerarquizar; es decir, no se acercan a la zona genital (que es como decir: "Buenos días, buenas tardes"), más bien llegan directo a decir: "Yo te mando, yo soy quien manda", y por ello, se acercan directamente al cuello o cara.

Cuando dos perros quedan frente a frente con las orejas y cola arriba, y ninguno de los dos cede, es como cuando dos chicos de secundaria se empiezan a empujar y después de que uno empuja y el otro recibe el empujón, se quedan los dos quietos y con el pecho hacia el frente, para después lanzar el primer golpe. Pasa lo mismo cuando un perro está frente a otro y ninguno de los dos cede; eso quiere decir que ninguno de los dos gira la cabeza hacia la izquierda o la derecha, o baja la mirada en señal de sumisión; al poco tiempo de eso alguno de los dos va a empezar a jerarquizar o puede haber una agresión. Por lo tanto, si pasa eso debes cortar el contacto, tienes que jalar a tu perro hacia ti.

Para un perro todo lo que viene en línea recta es una señal de agresión y es muy importante que lo tengamos claro porque, nos gusten o no los perros, tengamos o no, podemos encontrar uno en cualquier lugar; entonces, si te acercas a uno en línea recta, a una misma velocidad y, sobre todo, si colocas tu vista en su cara o en sus ojos, será una señal que él interpretará como: "Te voy a atacar, vengo con todo y estoy dispuesto a pelear". Si quieres acercarte de manera amable, debes hacerlo en zigzag o avanzando y deteniéndote, avanza y detente, ésa es una manera mucho más amable. Piensa en cómo reaccionarás si un extraño se dirige en línea recta hacia donde tú estás parado, ¿qué pensarías?

Entonces, un perro que tenga la cola y las orejas arriba, que se acerque en línea recta y con la mirada fija es casi seguro que viene en una actitud agresiva. Por lo tanto, si vas paseando con tu perro y ves que otro se acerca en línea recta hacia nosotros, no debes correr ni gritar, lo que debes hacer es quedarte parado de frente (es muy difícil que un perro agreda a una persona si no está en estado defensivo); si, en cambio, el perro se acerca y lo pateas o intentas golpearlo, entonces sí, obviamente él se va a defender y te va a agredir; pero si te quedas parado sin moverte, el perro puede empezar a olerte y muy probablemente vocalice, pero no te va a atacar a menos que intentes golpearle.

Hay perros que fueron separados de su madre canina desde muy chicos y fueron cuidados por humanos; ellos no saben socializar como lo haría un perro que creció con su madre canina, entonces, cuando ven a otro perro comienzan a temblar y a vocalizar para llamar la atención de su madre sustituta, o humana, para que les ayude a manejar esa situación. En estos casos debemos juntar al perro que no sabe socializar con otros que sí sepan. Este proceso debe ser muy cuidadoso, ya que es fundamental generar una experiencia positiva y evitar un trauma; como probablemente sea la primera vez que acercas a tu perro a otro, debes evitar que haya una agresión, pues eso sería muy desafortunado, ya que tu perro va a generar una experiencia negativa y lo más probable es que cada vez que vea a otro perro huya, se ponga a la defensiva o de plano se meta debajo de tus piernas con las orejas pegadas a la cabeza y la colita doblada hacia la parte interna.

Para controlar la socialización de tu perro debes colocar a ambos perros en el piso, más o menos a un metro y medio de distancia, y evaluar su lenguaje corporal. Si las orejas y cola están arriba, quiere decir que están en alerta, pero si las están meneando puedes irlos aproximando. Si en el momento en el que comienzas a acercarlos alguno busca la parte genital, o la parte de la colita para olfatear, quiere decir que está dispuesto a socializar; pero, si ambos empiezan a olerse la parte genital (normalmente lo hacen en círculos, así que hay que tener cuidado porque al llevar las correas los primeros que se enredan son los propietarios) y hay alguna agresión, como que algún perro muestre los dientes hacia el otro, debes cortar el contacto.

Recomendaciones

Evita sentirte culpable por realizar correcciones, recuerda que un cachorro ya no tiene a mamá canina quien habrá de guiarlo y enseñarle en la vida; ahora sólo depende de ti cómo él perciba el mundo. Diviértete y disfruta el proceso, trabaja un ejercicio a la vez y después de 15 o 18 días empieza otro y luego otro.

Recuerda que todos los procesos de aprendizaje son iguales: el primer día que te subiste a una bicicleta no sabías mantener el equilibrio y eso nadie te lo pudo explicar, ¿tú podrías explicárselo a alguien? Entonces, permítete tropezar y analiza tus errores; en cuanto te encuentres diciendo las mismas palabras que decías antes y tomando las mismas posturas estarás siendo la misma torre emisora que no tuvo resultados. Es en ese momento cuando debes respirar rápidamente nueve veces consecutivas y para la décima hacerlo tan profundamente que al exhalar puedas liberarte de los antiguos conceptos para retomar el ejercicio como una nueva torre emisora cargada de las emociones que has aprendido.

Todos somos torpes al iniciar algo nuevo; los libros y los maestros contribuyen a nuestra vida desglosando una serie de pasos, pero el conocimiento lo hacemos nuestro por medio de la práctica. El día que te encuentres saliendo de casa invitando a tu perro a acompañarte a disfrutar un reconfortante paseo, estarás experimentando la plenitud que nadie te podría definir. El día que llegues a casa y todo esté en orden, agradece y abraza a tu perro porque ambos habrán logrado ser distintos de lo que fueron.

Destrozos: ¿obsesión o aburrimiento?

Una vez que el cachorro ha llegado a su nuevo hogar y ha superado el proceso de adaptación, por medio del cual se ha dado cuenta de que en este lugar puede satisfacer sus necesidades fisiológicas y que su vida o integridad física no peligran, empezará a explorar el medio que le rodea. Esta etapa es sumamente importante, ya que como todo mamífero tenderá a llevar los objetos a la boca. Evita dejar a su alcance productos de limpieza o cosméticos, pues muchos de ellos tienen aromas y sabores dulces que atraerán su atención y pueden poner en riesgo su vida. Durante esta etapa también podrás percatarte si tiene afinidad por alguna textura en específico, como plásticos, telas, madera, caucho, papel, etcétera.

La forma más sencilla de identificar si tu perro tiene obsesión por ese tipo de objetos es evaluar su respuesta ante esta textura colocando o dejando caer frente a él objetos de texturas similares (este ejercicio deberá realizarse por lo menos dos horas después de la ingesta de alimento). Si tu perro se acerca al objeto, lo olfatea y busca algo más en que interesarse, muy probablemente ese objeto estaba en el lugar equivocado en el momento menos indicado y tu perro, al no tener otra cosa en que entretenerse, se enfocó en él. En este caso bastará con proporcionarle un juguete que le cause suficiente interés para mantenerse entretenido en tu ausencia.

La clave aquí se encuentra en no proporcionarle todos los juguetes a la vez; es preferible mantener los juguetes guardados y darle uno diferente cada día. Imagina que hoy vas al cine y ves la mejor película de tu actor favorito, ¿qué pasaría si la vez mañana y pasado mañana?, ¿la verías toda una semana consecutivamente?, ¿un mes? Toda novedad siempre despertará el interés de tu cachorro, así que evita colocar el mismo juguete más de dos veces en la misma semana.

Dentro de los juguetes plásticos o de goma puedes usar algún saborizante para perro, premios o croquetas para despertar mayor interés. Colócalos en lugares en los que tu perro pueda detectarlos y acceder a ellos con facilidad, así su actividad mental se centrará en desarrollar todas las estrategias posibles para obtener el contenido. Permítele desarrollar todos estos procesos mentales, como consecuencia de los cuales cambiará de posiciones, aventará el juguete, lo sacudirá, mordisqueará, etcétera.

Dentro de las obsesiones más comunes tenemos los zapatos, la madera, el papel y los plásticos. Este ejercicio podrás realizarlo si al dejar caer cualquiera de estos objetos frente a tu perro, él no puede resistir la tentación de llevarlo a su hocico. Para el caso de los zapatos experimenta con las diversas texturas, como piel, tela y plástico.

Una vez que te percates de que tu perro no puede resistirse a llevar a su hocico el zapato elige una palabra para que sea asociada a la acción, por ejemplo, *¡suelta!*

Toma el zapato con tu mano derecha y colócate frente a tu perro, emite la orden *¡suelta!* y deja caer el objeto frente a él; una vez que el objeto esté tocando el piso, interpón tu pierna izquierda entre el objeto (zapato, madera, etcétera) y el perro con la punta del pie dirigida al objeto y el talón hacia tu perro. Si insiste en acercarse al objeto, hazlo retroceder con la parte trasera de tu pantorrilla o muslo (según la estatura de tu perro), pegando la planta del pie al piso y realizando un medio círculo con la pierna. Nuevamente toma el objeto con tu mano derecha y repite la acción. Ahora es tiempo de saber si tu perro identifica que este objeto te pertenece a ti.

Ejercicio 13

Tu perro será capaz de identificar qué objetos forman parte de su conjunto de juguetes y cuales no.

- Procura que tu perro no se dé cuenta de que tomas un premio o un juguete destinado a él con tu mano izquierda y colócalo en tu espalda.
- Toma el zapato con la mano derecha y di *suelta*.
- Deja caer el zapato frente a tu perro.

- Si tu perro no intenta desplazarse en dirección al zapato, se ha ganado su juguete o el premio que tienes en la mano izquierda, dáselo y bríndale un afectuoso apapacho.

Repite este ejercicio al menos una vez al día con cada objeto; con el paso de los días tu perro permanecerá indiferente a estos objetos y redirigirá su atención a los juguetes que le proporcionaste.

Dentición y destrozos

El proceso inflamatorio durante la etapa de dentición no es una justificación para no atender los destrozos que tu perro puede provocar.

Pon atención al tamaño de sus juguetes

La regla de seguridad para el empleo de una pelota es que tu perro pueda sostenerla con los dientes, pero que de ninguna manera le quepa por completo en el hocico; ya que por accidente puede atraparla en el aire, o después de un bote, y atorarse en su garganta, obstruyendo el paso del aire y provocando su asfixia.

Llegando a casa

Si el día de hoy abres la puerta de tu casa y le dices a tu perro: "¡Hola, perrito hermoso!, ¿cómo estás?, ¡te extrañé mucho, corazón!", lo que estás emitiendo es exaltación; y si agregamos que es muy probable que tengas la idea en tu mente de abrazar a esa hermosa criatura peluda, entonces la exaltación que emites no sólo permanecerá en la verbalidad, sino que será acompañada de toda tu estructura física, ya que estarás moviendo las manos y hablando o gritando en diferentes tonos. Y cuando por fin se acerque a ti y coloque sus patitas en tus piernas, lo cargues y lo apapaches, en recompensa a ello la siguiente vez él pondrá de nuevo sus patas y si no lo cargas, te arañará las piernas para llamar tu atención. Con estas actitudes lo que consigues es que aprenda que te gusta que te reciba de esta manera. Pero cuando ese cachorro tenga 25 o 40 kilos más no va a ser tan gracioso que se suba en ti y comenzará a irritarte su conducta.

Sin embargo, es algo que tú estableciste como una pauta de comportamiento quizá sin pensarlo. Tú llegaste en un estado de exaltación y esperaste a que tu perro también lo estuviera para poder apapacharlo. Es probable que tu perro ni siquiera se dé cuenta cuando llegues a casa por diversas situaciones, pero cuando lo llamas, pegas las manos a las rodillas o a las piernas (que son conductas muy comunes de los humanos para dirigirnos a los perros), y tienes en tu mente la idea de: "¡Ven aquí!", lo que realmente estás emitiendo es un llamado de juego en un lenguaje canino y entonces él aprende que cuando tú llegas, llegas a jugar.

Para los humanos, empujarnos es una señal de rechazo, si lo hiciera me dirías: "¿Qué te pasa?"; será muy distinta tu respuesta si llego y te abrazo, ya que los humanos entendemos que ésta es una actitud amistosa. Entonces, empujarnos lo entendemos como algo negativo; sin embargo, para un perro empujarse es un llamado al juego. Un cachorro empuja a otro para iniciar un juego, por lo tanto, cuando llegas a casa del trabajo y el perro se te sube y tú lo empujas, él asume que estás jugando y entonces vuelve a subirse, te empuja y tú después lo empujas, y así puedes pasar un rato hasta que pienses: "No debí haber cruzado la puerta". Aunque realmente quien empezó el juego fuiste tú y no puedes quejarte porque el perro te reciba de esa manera si durante toda la vida lo estuviste induciendo a ese comportamiento.

Cuando un perro tiene un comportamiento indeseable en una situación no significa que sea un perro *endemoniado* o *loco*. En realidad, tu perro está actuando en respuesta al mensaje que le estás transmitiendo; pero si cambias el mensaje, tu perro responderá de manera diferente.

Inconscientemente nos encargamos de premiar estos estados de exaltación, pero cuando vemos que se vuelve una actitud constante es cuando decimos: "¿Qué pasó?, mi perro es malo o está loco". Esto es falso, no hay en casa un perro *malo o loco*; el perro está actuando en respuesta a los estímulos que ha recibido, pues siempre nos mostrarnos con movimientos de brazos y de cabeza para llamar al cachorro y le decimos: "Hola, perrito, ven para acá". Siempre estamos en este estado emocional que es replicado por el perro, y como ya lo expliqué antes: él imita las emociones que percibe de nosotros. Por lo tanto, si cuando imita nuestra exaltación recibe atención o apapachos, el perro asumirá que el salto sobre tu ropa y el ladrido que detectan todos los vecinos de la cuadra es algo bueno, porque está recibiendo caricias en ese preciso momento.

Otra cosa que no debes hacer es darles de comer a tus perros inmediatamente después de que llegas a casa, porque eso va a generar un estado de exaltación asociado a la necesidad fisiológica de comer, por lo cual, estarás motivando mucho más esa ansiedad.

Para que tu perro reaccione como tú quieres, es decir, que cuando llegues no te ladre y se abalance, vas a entrar con la idea de *serenidad* en mente; es importante emitirla desde que te aproximes a la casa, ya que tu perro sabe que vas llegando, ya sea que vayas en tu carro, a pie, o incluso si vas en el auto de algún amigo. Debes entrar a casa sin hacer contacto físico o visual; el primer día ladrará y vocalizará, pero debes seguir caminando viendo al horizonte y sin hacer contacto físico o visual con él. Ya que, si al saltar consigue que pongas tu vista en él, sabrá que para atraer tu atención es necesario saltar encima de ti; por ello, cuando él coloque sus patas en tu torso gira abruptamente sin verlo ni tocarlo, esto le indicará que no estás interesado en empezar un juego. La primera vez te puede tomar 25, 30 o, en algunos casos, hasta 50 minutos. Una vez que tu perro ha podido identificar tu emoción y es capaz de replicarla podrás acercarte a él y apapacharlo.

Si en el momento en que empiezas a apapacharlo el perro empieza a exaltarse, vocalizar y saltar, en ese momento debes suspender la caricia durante los siguientes 40 minutos y continuar con tus actividades.

Realiza esto durante 21 días consecutivos y el día 22 tu perro se acercará a ti y te olfateará (lo cual es natural en él) y nadie en la cuadra se dará cuenta de que llegaste a casa.

Los perros no asumen que cuando tú llegas y les gritas: "¡Cállate, *Puchi*!", o el nombre que sea, estás enojado. En ese momento lo único que sabe es que tiene tu atención porque ya escucho su nombre, lo que además es algo que como humanos hacemos todo el tiempo. Todas las mamás humanas tienen una manera de llamar a sus hijos para regañarlos, puede suceder que *Marianita* sea como me refiero a mi hija cuando todo marcha bien, pero cuando le digo *Mariana*, la niña sabe que mamá está enojada y que un regaño está por venir.

Con los caninos no siempre alcanzamos a hacer ese cambio en la voz y para que el perro identifique cuando estás hablando en *buena onda* y es una voz de juego debes usar un tono normal, como cuando la mamá usó *Marianita*; pero cuando le estás dando una orden necesitas un tono de voz más firme y que tu lenguaje corporal, *no verbal*, apoye lo que estás diciendo para transmitir un mensaje de una forma mucho más clara, de manera que no solamente transmites el mensaje con lo que hablas, sino que también tu cuerpo lo dice.

Entonces, cuando tu perro haga algo malo y le digas: "*Trine*, ven acá" (imaginemos que *Trine* es su nombre), no será por la voz que vendrá agachando su cabecita, con la cola baja y los ojitos de quererse esconder en algún lado, sino por cómo te plantaste para llamarle la atención. En el momento en que ocupas tu lenguaje corporal el perro asume: "Ándale, ya sé qué pasa cuando está en esa posición".

Sería muy divertido poner un espejo en la cabeza del perro para que pudieras ver cómo es que transmite los mensajes que envías con tu lenguaje corporal, y te des cuenta de que realmente lo que estás transmitiendo con tu cuerpo no es enojo, aunque tú pienses que sí. Por ejemplo, cuando llegas a casa y encuentras algún destrozo, y tu perro no te recibe de la misma manera, seguramente piensas: "Ya sabe lo que hizo, porque desde que llegué no me recibió". En esa situación lo que el perro está asociando es: *pipí + sala + dueño = golpes*; lo cual no es igual a tener asociado: "No debo hacerme pipí en la sala".

El perro sabe que cuando hay pipí en la sala y está el dueño, habrá golpes, por eso es que trata de esconderse, y si a eso le incluimos que por lo regular los humanos se explayan en sus regaños y en los golpes, lo que le demuestran al perro no es más que su descarga emocional y no hay adiestramiento real. Es importante recordar que, puesto que no se corrige al perro en el momento preciso de la micción, él no se dará cuenta de que esa acción es inadecuada.

¿Qué son las caricias?

Recordemos que la mamá canina corrige, muerde o lengüetea a sus cachorros como una manera de reconfortarlos, entonces, es algo a lo que están muy acostumbrados. El *lengüeteo* de mamá es su bienvenida al mundo; las hembras lo empiezan a hacer desde las primeras horas de vida, porque por medio de éste retiran la placenta y el cachorro puede entonces comenzar a respirar, además, durante las primeras semanas esta acción estimula el movimiento intestinal de los cachorros. Por eso muchos criadores se preocupan y toman esta acción como una manera de evaluar el instinto maternal, pues mamá se encarga de limpiar al cachorro y asegurarse de que pueda empezar a controlar sus movimientos: con la nariz los empuja y les hace dar vueltas sobre el nido para empezar a estimularlos.

Por lo tanto, el cachorro está muy familiarizado con este trato y él asocia las *caricias de tus manos* con los *lengüeteos* de su madre, lo cual les resulta muy reconfortante. Entonces se establece un código de lenguaje en el que acariciar a tu perro es una manera de reconfortarlo.

Ladridos excesivos, igual a vecinos enardecidos

Recuerda el concepto de *plenitud emocional* que se mencionó al principio del libro; éste consiste en el estado del ser en el cual el individuo puede expresar las característiticas del comportamiento propio de su especie, pero en armonía con el ambiente que le rodea. Entonces, el impulso natural de un perro cuando escucha algún ruido del otro lado de la puerta o capta un aroma de afuera será ladrar para avisarte, pero ¿qué pasa si no se modula ese impulso?

Si no se modulan los impulsos del perro, él puede seguir ladrando estrepitosamente, incluso cuando, por ejemplo, ya haya entrado tu invitado, lo cual puede provocar que este último se vaya debido a la tortura que representa que tu perro no deje de ladrar. Esto pasa porque, como humano, reforzaste esa conducta y cada que tu perro ladraba tratabas erróneamente de tranquilizarlo apapachándolo y diciéndole: "Cállate, chiquito bonito, no pasa nada; mira, es mi primo y viene a visitarnos". Y ya que por lo regular no usamos tonos de voz enérgicos para tranquilizar al perro ni a nadie, el error se agrava: al tratar de tranquilizarlo con el lenguaje humano el perro entiende que es una conducta que a ti te gusta, que la apruebas y por ello lo cargas para apapacharlo, haciéndolo sentir aún más poderoso. Esto conllevará a que en el momento en que se abra la puerta aparezca una súper bestia protectora.

Estas conductas indican que tú eres el que vive en casa de tu perro, ya que recordemos que una parte de las funciones del poseedor del territorio es la protección del mismo; por lo tanto, él es el encargado de proteger su territorio y de alertar a todos los que se les ocurra pasar por el pasillo del edificio y decirles que está ahí para defender lo que es suyo. Este aspecto es muy importante, ya que en realidad están viviendo en tu casa y tú debes poner las reglas, por lo tanto, determinar quién es bienvenido, y quién no, depende sólo de ti.

Hay perros que, en su afán por controlar toda la situación dentro de la casa que ellos asumen como su responsabilidad, llegan a situaciones incómodas, por ejemplo, que cuando algún invitado quiere ir al sanitario, el perro lo siga todo el tiempo, provocando que el pobre individuo camine con temor o con el perro atrás mordiéndole los zapatos o, peor aún, que se prenda de su ropa tratando de controlar su caminar. Esto ocurre porque le diste a entender al perro que ésa es su casa y que tú y todos los que están dentro le pertenecen.

Esta situación también la reforzamos cuando después del paseo el perro es quien entra primero a la casa; en este caso es él quien está invitándote a su propiedad y entonces él asume que si estás entrando a su casa es porque estás obligado a obedecer sus reglas. Por eso es importante que cuando llegues a casa después del paseo seas tú el primero que entre en ella, y tu perro espere en el pasillo o banqueta a recibir la invitación para entrar.

Por instinto, el perro siempre va a acercarse a olfatear, eso es algo natural, pero si la persona no genera ningún tipo de movimiento, ni de emoción hacia él, olerá y se irá. Por lo cual, es importante que cuando estés en la sala, o algún otro lugar, y tu perro llegué lo dejes oler al invitado, y que el invitado no empiece a jugar o mover los pies o las manos, porque estará invitando a jugar al perro y lo que va a hacer el cachorro será tratar de atrapar las manos o pies. Cuando haya olido y se vaya, el invitado podrá relajarse. Es importante no gritar, ya que el perro vocalizará cada vez más fuerte y seguro la persona también, así que ninguno de los dos va a ganar y lo único que van a hacer es dar un espectáculo a todos los presentes.

¿Nadie te puede saludar?

Si en el momento en el que alguien te quiere saludar estás cargando a tu perro y de inmediato empieza a ladrar, tal vez una o dos veces, debes colocarlo en el piso al percibir esta reacción. Cuando lo hagas se dará cuenta de que no te gusta que ladre, que ésa no es una conducta que apruebes y que cuando hay algo que no apruebas no lo premiarás, así que no habrá caricias, apapachos, voz de juego o galletitas.

Establece patrones claros y constantes

Debes marcar muy bien estos comportamientos para que tu perro los siga sin ningún problema. Así, cuando se presente el día en que no estés en casa y esté otra persona pueda seguirla como te sigue a ti. Si es un mismo patrón, va a ser mucho más fácil que él lo siga, ya que está habituado a eso; es como cuando aprendes a manejar un coche de velocidades estándar, aunque cambies de marca y de modelo ya sabrás manejarlo.

Brinca y molesta a las visitas

Éste es un problema importante para los perros grandes, ya que pueden estar acostumbrados a saltar sobre los propietarios y asumir que a todas las personas que entren a la casa les va a agradar que les salten encima, cosa que no es del todo cierta.

Es fundamental que el propietario evite el contacto físico con su invitado, sobre todo si recibe a niños o a personas mayores y el perro aún no ha sido adecuadamente socializado o desensibilizado al estímulo de nuevas personas en casa, porque esto llevará al perro a un estado de exaltación difícil de controlar. Es importante que tu perro aprenda que puede estar tranquilo mientras recibes invitados y para esto vamos a practicar un ejercicio que recompense su estado mental de tranquilidad. Una vez que él aprende que por estar tranquilo suceden cosas buenas (es decir, es recompensado) puedes empezar a experimentar con tu perro situaciones que lo emocionen y guiarlo a mantenerse en el estado de serenidad.

Ejercicio 14

Que tu perro aprenda el comando *quieto* y genere una experiencia de aprendizaje en la cual su cerebro es recompensado por permanecer tranquilo.

- Una vez que tu perro esté sentado cambia la señal que estabas realizando con tu dedo índice y coloca la palma de la mano extendida, la cual tu perro aprenderá a asociar a *quieto*; permanece en esta posición 10 segundos y si tu perro no se ha movido, inclínate ligeramente hacia él y dale un premio y una caricia.

- Vuelve a pedirle que se siente y coloca nuevamente la palma de tu mano, vuelve a dar la orden de *quieto* y esta vez, sin bajar tu palma, da un paso atrás y espera unos segundos; si tu perro no se ha movido, regresa y prémialo.

- La clave aquí es que tu perro permanezca sin moverse; puede dirigir la vista hacia otro lado, pero no debe moverse. Antes de dar el siguiente paso, repite la orden.

- Si por algún motivo tu perro se mueve, pierde el premio y debes volver a empezar desde que se encontraba sentado. Si no se mueve, regresa y apapáchalo mientras disfruta de su premio.

- Una vez aprendido esto, aumenta paulatinamente el número de pasos y dirígete hacia la puerta. Si tu perro no se ha movido, regresa y prémialo.

- Nuevamente pídele que se siente y se quede quieto; esta vez dirígete a la puerta, gira la perilla, no abras la puerta, y regresa a premiar a tu perro si es que no se ha movido.

- Realiza esta rutina por tres días y luego empieza a abrir ligeramente la puerta. El primer día es normal que tu perro se emocione y trate de dirigirse a la puerta, así que tendrás que llevarlo de nuevo al lugar donde le habías pedido que se sentara y comenzar desde que se encontraba sentado y luego pasar al *quieto*. Dirígete nuevamente a la puerta y ábrela sólo cinco centímetros, si tu perro ya ha permanecido donde le indicaste, ciérrala y dirígete a él para premiarlo.

- Paulatinamente vas a lograr abrir más la puerta hasta el punto en que esté abierta en su totalidad y tu perro no busque salirse. Tu perro aprenderá que mientras permanezca en esta posición, pase lo que pase (invitados, mensajeros, etcétera), él recibirá con toda seguridad una recompensa al final.
- Para este ejercicio tu perro puede voltear hacia cualquier punto, no es necesario que tenga su mirada puesta en ti; mientras él no se mueva tienes la seguridad de que te está obedeciendo.

Para poder recibir a un invitado sin que tu perro salga corriendo necesitas una desensibilización dirigida a lo que pasa detrás de la puerta.

En el momento en el que vayas a abrir la puerta para, por ejemplo, recibir correspondencia, lo que vas a hacer es tomar la perilla y, de frente a la puerta, bloquearle la entrada a tu perro con el tobillo, la pantorrilla, la rodilla o la cadera (dependiendo si es un perro pequeño, mediano o grande), evita que tenga contacto con la puerta, y después vas a desplazarlo realizando el movimiento de medio círculo. Si al juntar tus dos pies el perro ha permanecido atrás, puedes abrir la puerta; al hacer esto mantente siempre de espaldas a tu perro y de frente al mensajero. Éste es el ejercicio de bloqueo que ya hemos trabajado antes.

La postura debe ser muy firme y con decisión. Recuerda que lo que transmitimos es lo que nuestro perro nos replica: si quieres que tu perro esté sereno, tú tienes que transmitir esa serenidad. Por ningún motivo puedes tener una actitud de: "A ver, hazte para allá; no, quédate quieto; no, muévete; no, arriba; no, abajo; a un lado, al otro; ya, por favor". En el momento en que tomes esta actitud estarás encaminándote al caos.

Se sube a las camas y los sillones

Los perros perciben todos los lugares elevados, ya sea el sillón, las camas, etcétera, como espacios de estatus o de poder, son como tronos sagrados. Entonces, si los perros tienden a ser muy dominantes, siempre irán al sillón o a la cama, en algunos casos a las mesas, a algunas jardineras o a los descansos de las escaleras, ya que quedan en una posición mucho más elevada, lo que les permite tener una mejor vista de lo que les rodea, reforzando este sentido de autoridad.

Paradójicamente, los perros pequeños son los que tienden a estas conductas, pero porque nosotros las inducimos. Con los perros grandes somos más cuidadosos y respetuosos a diferencia de los chicos; con estos últimos somos más protectores, por ejemplo, cuando conviven con otros perros más grandes que ellos, pensamos: "¿Qué le va a hacer a ese perrito aquel grandulón?" Pero lo que ocurre cuando *protegemos* al perrito al reprender que otros se acerquen a él es que le hacemos creer que él tiene un lugar privilegiado en la manada.

A la mayoría de los perros pequeños tendemos a cargarlos mucho, pero esa costumbre, al estar arriba y poder vigilar, les da la habilidad de anticiparse. Recordemos que el líder siempre se anticipa, actúa con seguridad y es mucho más rápido. Entonces, estar arriba le permite al perro todo eso, y si se acerca algún perro o familiar, por ejemplo, a la cama, él se pondrá en una actitud bastante defensiva.

Todo lo que está en lugares elevados, como los sillones, camas, descansos de las escaleras, algún tipo de barda o media barda, les genera la sensación de un trono, son sus lugares de descanso y donde pueden percibir el resto del espacio. Entonces, es algo que les genera una situación de poder, y muchos perros después de que se suben a la cama ya no permiten que nadie se acerque y pueden ser realmente agresivos si alguien intenta bajarlos por la fuerza.

Para evitar estas situaciones debemos impedir que el perro se suba a algún lado que pueda generar este estado de privilegio, a menos que lo invites. Pero, si tu perro ya te ganó y está sentado en el sillón, lo que debes hacer es sentarte e irte desplazando hacia dónde está, como acorralándolo, hasta que ya no le quede más espacio y tenga que bajarse del sillón; ya que si lo cargas o lo tomas del collar y lo bajas, lo estás premiando y, además, estás quitándole el privilegio de permanecer en un lugar que él había ganado. Si es un perro dominante en ese momento se puede transformar y puede amenazarte, enseñarte los dientes o vocalizar hacia ti como diciendo: "No te acerques"; con esa actitud no permitirá que lo toques, y si llegas a forzar la situación puede haber alguna agresión, ya que le estás quitando el trono que él asume se ganó porque fue más hábil que tú. Debes recordarle que es tu casa y las reglas indican que al estar ahí debe acatar tus instrucciones.

Este tipo de conductas disminuyen cuando realizamos una correcta invitación a casa después de los paseos. Es importante que cuando identifiques que hay un lugar de privilegio, por ejemplo, la cama o el sillón, antes de entrar a la recámara, o la cocina, refrendes este ejercicio y que sólo entre ahí con invitación. Si después de este ejercicio él sube inmediatamente a la cama, debes llevarlo a otro lugar alejado, por ejemplo, de la recámara a la sala, o si estás en el comedor debes bajarlo de la mesa y llevarlo al jardín, pues no puede permanecer en el mismo espacio donde estaba, porque aquí el castigo que estamos utilizando es una exclusión. Entonces, tu perro se percatará de que hay ciertas acciones que le hacen ser rechazado de tu manada debido a que no las apruebas.

Este ejercicio es muy parecido al que hicimos con la puerta: debes bloquear de frente al objeto que estás protegiendo y de espaldas al perro. Si lo que tú estás protegiendo es el sillón, te paras frente a él y de espaldas al perro, desplazándolo hacia atrás del sillón mínimo tres pasos. Repite estos movimientos cada vez que intente acercarse, muy probablemente después de un par de intentos tu perro ponga su atención en otra área de la casa. Ahora traza un perímetro imaginario, más o menos de entre 30 y

40 centímetros alrededor del sillón; y ante cualquier pata o nariz de tu perro que cruce esa línea tienes que emitir un ruido fuerte y una orden de *fuera* (por ejemplo, un aplauso y *fuera*), esto hará que tu perro baje las orejas y se aleje de esta zona que ahora te pertenece.

Es muy importante que en este ejercicio mantengas una actitud de seguridad; si tu perro no te percibe seguro intentará burlarte en repetidas ocasiones y muy probablemente termines agotado y cediendo el lugar, debido al hastío de corregirlo consecutivamente. El control de la entrada a la sala o la recámara, y una correcta actitud te llevarán a obtener aciertos en 4 de cada 10 casos, después en 6 de cada 10 y, seguramente, después en 10 de cada 10.

Apego

Como hemos mencionado antes, los perros, al igual que los humanos somos especies de naturaleza social, generamos vínculos afectivos muy estrechos y relaciones extremadamente demandantes.

Los perros con mucho apego se convierten en una sombra para sus dueños; literalmente no los dejan ni siquiera ir al baño, y en el momento en que no están en casa hacen destrozos y pueden desarrollar estados de ansiedad más fácilmente. Son perros que normalmente rascan puertas o paredes, muerden infinidad de objetos, poseen la habilidad de hacer cráteres en el sofá o en el jardín, orinan o defecan en el lugar donde está mucho tiempo el propietario. Entonces, si tú siempre te sientas en el comedor en la silla junto a la ventana y el perro está muy apegado a ti, en tu ausencia es probable que orine o defeque en esa zona, o en tu cama del lado donde duermes; es común también percatarnos que toman ropa íntima o calcetines que pertenecen al miembro de la familia por el que ha generado el apego.

Como lo hemos mencionado antes, los perros tienen hábitos y son capaces de memorizar las rutinas de sus propietarios. Alguien podría preguntarle a tu perro ¿cuánto tiempo pasas en la regadera?, o mirándote al espejo por la mañana. Él podría describir con una precisión inequívoca tu rutina completa con los minutos y segundos que dedicas a cada actividad, y tiene perfectamente claro que después de abandonar las pantuflas te colocarás tus zapatos, tomarás tus llaves y saldrás de casa, no sin antes decirle que se porte bien y que lo amas, pero tienes que ir a trabajar, que te duele mucho dejarlo solo en casa, pero las croquetas no brotan en las banquetas. Recordemos que todas las emociones se transmiten y en este momento estás poniendo en tu mente y en tu corazón culpa, tristeza, miedo y angustia. Piensa, ¿qué harías si percibes a tu mejor amigo en un estado de angustia?, ¿te preocuparías? Con seguridad, buscarías llamarle o estar cerca de él porque estás seguro de que te necesita.

Sin darnos cuenta, por medio de este tipo de discursos de despedida generamos inseguridad y angustia; imagina tu expresión corporal y recuerda que como antena emisora de tranquilidad, no basta con hablar con palabras bonitas si tus expresiones corporales te traicionan. Pasamos de un estado en el que literalmente tu perro es tu sombra, a un estado de angustia, tristeza y, por último, a un desprendimiento.

Para evitar estas conductas hay que iniciar un proceso de reaprendizaje conjunto que fomente situaciones donde el perro esté solo y seguro de que regresarás; esto habituará a ambos a saber que pueden estar bien sin estar físicamente juntos. Ten presente que si decides no hacerlo no incurres en delito alguno, pero seguirás en la desgastante rutina de llegar a limpiar destrozos de todo tipo.

Colócate en una habitación y realiza el bloqueo en el marco de la puerta, da un paso adentro y no le pidas a tu perro que entre, continúa caminando y siéntate en la cama; si percibes que tu perro intenta cruzar el marco de la puerta, corrige y llévalo nuevamente afuera de la habitación. Espera 10 segundos, sal de la habitación, dirígete a tu perro y acarícialo no más de tres segundos y continúa tu rutina. Empieza realizando este ejercicio por las tardes y una vez que lo domines realízalo en las mañanas, así lograrás que tu perro permanezca siempre en una habitación diferente: si estás en el baño, él permanecerá en la habitación; si estás en tu habitación él deberá quedarse en el pasillo, etcétera.

Evita tener contacto físico, visual o verbal con tu perro al menos 15 minutos antes de salir. Recuerda que él tiene asociado tu discurso de despedida con el hecho de pasar mucho tiempo solo, ya que cuando vas a la tienda de la esquina no realizas el mismo protocolo de despedida y tu perro sabe entonces que regresarás pronto.

Cuando llegues a casa realiza el ejercicio cuatro, lo encontrarás en la página 62. Cuando tu perro esté vocalizando o rascando no debes ponerle atención, no establezcas contacto físico o visual, y evita gritarle, porque en ese momento le haces saber que te gusta que ladre o arañe, y con esa acción consigue tu atención e inconscientemente motivas esa conducta. Debes esperar a que esté tranquilo para que pueda recibir alguna recompensa: un apapacho, caricia, galleta o comida. Si tu perro se da cuenta de que a pesar de aullar y gemir no pasa nada bueno, va a ir omitiendo esas conductas, ya que no generaron ninguna recompensa y no obtuvo atención.

¿Adoptar o comprar un perro?

Todos los amantes de los perros deseamos que estas mascotas tengan las mejores condiciones de vida y es nuestra responsabilidad cerciorarnos de esto a la hora de comprar un cachorro, ya que muchas tiendas en línea o supuestos criaderos que se anuncian como profesionales pueden ser verdaderos explotadores y defraudadores.

Denominamos *fábricas de cachorros* a los lugares dedicados a la explotación de hembras y machos con fines comerciales, donde el único propósito es reproducirlos al mínimo costo, sin la nutrición, los cuidados adecuados o la higiene necesaria. Los perros viven todo el tiempo en jaulas, esto les provoca deformidades en sus dedos, pues siempre están sobre rejillas y no en piso firme. Las jaulas son tan pequeñas que se ven forzados a orinar y defecar en el mismo espacio donde duermen.

Desde luego, muchos de estos cachorros padecen trastornos emocionales, como ansiedad y comportamientos compulsivos autodestructivos, ya que no tienen acceso a ningún estímulo; y muchos otros son destetados a temprana edad, pues la lógica comercial no permite que se les alimente por largo tiempo, lo que significaría perder dinero. Todo esto provoca que muchos cachorros mueran de enfermedades parasitarias o virales a muy temprana edad, pues tampoco son vacunados porque se les tramitan certificados de vacunación o desparasitación falsos.

¿Cómo podemos prevenir esta situación?

La buena fe no basta. Jamás compres cachorros en la calle o en páginas de internet de criadores que no conoces físicamente y de los cuales no hayas constatado que poseen las instalaciones adecuadas. También asegúrate de que los cachorros fueron vacunados y desparasitados por un médico veterinario; en el carnet deben estar registrados sus datos (dirección y número telefónico de la clínica donde se prestó el servicio veterinario, así como el número de cédula profesional del veterinario). Para el caso de México corrobora en la Dirección General de Profesiones, o en el registro del Ministerio de Salud correspondiente a tu país, que este número de registro pertenece a la persona que firma el carnet y contacta con el médico veterinario para cerciorarte de que no estás siendo víctima de un fraude y que la vida del cachorro no corre peligro.

Los criaderos

Existen verdaderos y admirables criadores profesionales; ellos tienen a sus perros en condiciones adecuadas, los reproducen con una buena asesoría veterinaria y las madres se encuentran bien alimentadas, y en condiciones de espacio y convivencia adecuadas.

Tienen un número de criador que podrás corroborar en la página web de la federación canófila de tu país y en el carnet de vacunación puedes encontrar los datos antes mencionados. En el caso de algunas razas deben tener también certificados que amparen que los cachorros han sido evaluados y se encuentran libres de enfermedades de origen hereditario.

En estos criaderos los cachorros jamás son destetados a temprana edad, ya que el criador profesional sabe del impacto negativo de este proceso, y tanto para él como para ti lo más importante es el bienestar del cachorro. Debes visitar el lugar donde tienen a los perros y el tipo de personas con las que conviven; así sabrás si han convivido o no con más perros, con niños, etcétera. Un verdadero profesional estará dispuesto a resolver tus dudas, será capaz de describir el perfil de *perronalidad* del cachorro y te informará de todos los cuidados específicos que la raza en cuestión demande.

Los perritos que han crecido en la calle bajo la dirección de mamá canina son, en general, los que menos problemas de destrozos generan en casa, son mucho más equilibrados emocionalmente; las *mamás humanas* tienden a ser muy permisivas y por ignorancia fomentan muchas malas conductas, pero mamá canina es precisa. Si adoptas un perro que no venga de un refugio, es fundamental que sea valorado por un profesional veterinario, que te orientará acerca de los cuidados de salud que su condición demande.

Todos los perros son amorosos y agradecidos, y están dispuestos a entablar un vínculo armonioso y enriquecedor con su mejor compañero: *el hombre*.

amores perrunos

Edúcalos con el corazón

terminó de imprimirse en 2015
en Litográfica Ingramex S. A. de C. V.
Centeno 162-1, colonia Granjas Esmeralda,
delegación Iztapalapa, 09810, México, D. F.